MICHAEL DIETZ

ENERGETISCH KOCHEN UND LEBEN

Die CHI-Küche

Schirner Verlag

ISBN 978-3-8434-1200-1

Michael Dietz:
Die Chi-Küche
Energetisch kochen und leben

Umschlag: Simone Fleck, Schirner,
unter Verwendung von # 133556990
(Efired), # 123351418 (Piotr Krzeslak)
und # 9795637 (anton_novik),
www.shutterstock.com
Layout: Simone Fleck, Schirner
Lektorat: Bastian Rittinghaus, Schirner
Printed by: Ren Medien GmbH,
Germany

www.schirner.com

1. Auflage Oktober 2015

alpro
KIDNEY BOHNEN

Inhalt

Einleitung

Essen ist Genuss. Mit Freunden an einer reich gedeckten Tafel sitzen und zusammen essen, trinken, die Zeit vergessen – was gibt es Schöneres? Doch fällt uns das zunehmend schwerer. Zum einen fehlen uns Zeit und Motivation. Zum anderen rührt das vielleicht auch von dem Wissen um die Herstellungsmethoden unseres Essens her, um die fragwürdigen Inhaltsstoffe, oder auch einfach vom Gedanken an die Waage. Essen kann Freude bereiten, ohne negative Folgeerscheinungen. Dafür braucht es die richtigen Informationen, doch in unserer von Überinformation geprägten Zeit ist es gar nicht so leicht, verlässliche Auskünfte zu bekommen und diese, wenn man über sie stolpert, auch als solche zu erkennen. Man denkt, dass man alles einfach nur zu googeln brauche und so leicht an stimmige Antworten kommen könne. Meiner eigenen Erfahrung nach ist dem aber überhaupt nicht so. Ein Überangebot an Waren und Informationen erfordert gleichzeitig auch ein hohes Maß an Unterscheidungsvermögen. Dieses ist ein wichtiges, doch selten gewordenes Gut.

Heute können wir zu jeder Zeit fast alle Produkte jeder Jahreszeit und sämtlicher Klimazonen im heimischen Supermarkt erwerben. Doch wer sagt Ihnen, was Sie wirklich brauchen? In erster Linie Ihre Glaubenssätze, die sich in Ihrem Gehirn angehäuft haben. Ursprung dieser Informationen ist der Dauerbeschuss aus den Medien, aus Zeitschriften und Illustrierten, Kochsendungen, Büchern und Talkshows. Diätvorschläge und neueste Ernährungsdiszipli-

nen wechseln einander in steter Regelmäßigkeit ab, wobei die Halbwertszeit dieser Informationen selten über 2 Jahren liegt. Ein Dschungel, in dem viele Menschen orientierungslos umherirren und auf Dauer im Kreis laufen.

Am einfachsten wäre es, unseren Körper zu fragen, was er braucht. Wollen wir uns mit jemandem unterhalten, ist es von Vorteil, dessen Sprache zu verstehen. Doch welche Sprache spricht unser Körper? Und was passiert da eigentlich in uns, wenn wir essen? Eine Kenntnis davon ist hilfreich und macht vieles im Leben bekömmlicher.

Die Chi-Küche

Chi oder Qi ist das chinesische Wort für Energie. Energie entsteht im Körper, wenn unsere Zellen all die Zutaten bekommen, die sie brauchen, um ihre Zellkraftwerke, die Mitochondrien, zu befeuern. Dann fühlen wir uns wohl. Nicht nur körperlich, sondern auch geistig sind wir den Anforderungen des Lebens gewachsen. Es geht bei der Ernährung um viel mehr als darum, einfach satt zu werden.

Gesundheit ist nicht nur die Abwesenheit von Krankheit – sie ist ein Zustand der Balance, in dem die Energie ausgeglichen in uns fließt. Ein Zustand, den die wenigsten von uns heutzutage noch kennen (oder manche vielleicht gerade wiederentdecken). Sie geht mit einer Art Wunschlosigkeit einher, bei der man nicht ständig nach etwas Neuem und Sensationellem greifen muss.

Im Westen haben wir diese einfache Art zu leben fast vollständig durch die Pseudobefriedigung von Pseudobedürfnissen verdrängt. In dem Maß, in dem wir unsere eigene energetische Kochkultur vergessen haben, suchen wir nach Lösungen in immer neuen Ernährungstrends. Aber das Millionen Jahre alte Ernährungsprogramm, das in unseren Zellen steckt, ist davon unbetroffen. Es läuft täglich ab, ob Sie daran glauben oder nicht. Sie können es verstehen, ausprobieren und testen, ob es für Sie funktioniert. Glauben Sie niemandem, sondern lernen Sie sich selbst kennen, und spüren Sie, was Essen mit Ihnen macht.

In diesem Sinne guten Appetit beim Genuss dieser Lektüre!

Wie denken wir?

Unsere Art zu denken wird von unserer Kultur bestimmt. Das westliche Denkmodell betont den verstandesmäßigen, männlichen Aspekt unseres Seins stark und bringt Qualitäten wie Analysieren, Vergleichen usw. hervor. Man begreift die Dinge getrennt voneinander – daraus resultiert das mechanische Weltbild, in dem die meisten Menschen sich und die Welt begreifen. Sie gehen ins Detail, tiefer und tiefer … und erkennen nicht mehr den Zusammenhang und das Wechselwirken aller Dinge.

Dasselbe trifft auf die modernen Glaubenssätze über Ernährung zu. Alles in der Welt ist Wandel, sagt Lao Tse. Das gilt auch für den Stellenwert von Essen, besonders in Europa. Die Ernährungsgewohnheiten der Menschen, die vor hundert Jahren in Deutschland lebten, waren vollkommen anders als die heutigen. 70% der Nahrung bestand aus Getreide (Brei, Suppen, Fladen, Knödel usw.), 20% aus Gemüse der Saison, meist aus dem eigenen Garten oder vom Bauern in der Nähe. Den kleinen Rest von 10% teilten sich Fleisch, Fisch und Obst. Die Küche war der zentrale Ort im Haus, die Nachfolgerin der Feuerstelle. Hier versammelte man sich, denn sie war oftmals der einzige geheizte Raum im Haus. Es wurde kommuniziert und sich ausgetauscht. Heute ist der zentrale Ort das Wohnzimmer, in dem man sich vor einem Bildschirm schart. Aus dieser zweifelhaften Informationsquelle flackern uns auch die neuesten Rezeptideen entgegen, Diäten werden vorgestellt und wieder verworfen. Doch trotz all der Begeisterung und medialen Präsenz des Essens bleibt das dort Vorgestellte stets auf der horizontalen Ebene stecken. Die Wirkung von Nahrung und deren intelligente Zusammenstellung spielt dort keine Rolle.

Wenn Sie wissen wollen, was Nahrung für Ihre Gesundheit tun kann, wie Sie täglich mit Ihren Entscheidungen über die Zukunft des Nahrungsangebotes mit entscheiden, wenn Sie in all diesem Wandel Ihre eigene Wahrheit entdecken möchten, dann sind Sie hier genau richtig.

Östliche Betrachtungsweise

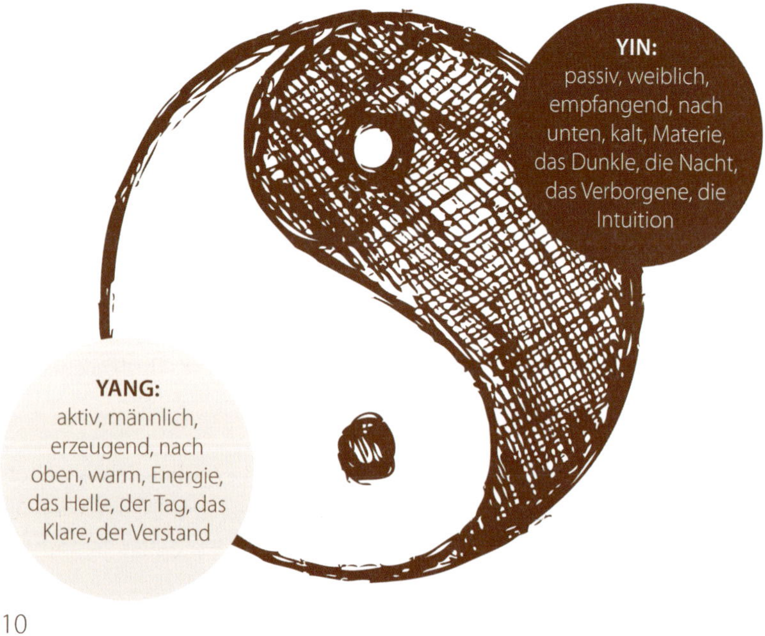

Der Osten bedient sich der Symbolik von Yin und Yang, um unsere Umwelt zu beschreiben. Sie sind zwei einander entgegengesetzte Wirkkräfte, die sich aber dennoch ergänzen und gegenseitig erneuern. Das eine ist der Stoff, die Materie, das andere die Energie, die Bewegung. In dieser Symbolik zu denken, ist dem westlichen Mensch fremd und erscheint mysteriös, bietet aber gerade für uns ein enormes Potenzial an Lebensqualität, nicht nur in der Nahrung. Auch für das Verständnis der uns umgebenden rhythmischen Gesetzmäßigkeiten wie der Jahreszeiten, der Tag- und Nachtzeiten und der verschiedenen Phasen in unserem Leben bedeutet es eine andere Qualität. Alles ist geprägt von Yin und Yang. Nichts ist entweder gut oder schlecht. Beide Aspekte sind in der richtigen Dosis wichtig.

Man kann nur Sonnenschein (Yang) mögen und den Regen (Yin) für nicht notwendig erachten. Doch wenn wirklich immer sonniges Wetter herrschte, wäre die Folge Dürre und Trockenheit, Starre und Tod. Nur Regen führte zu Überschwemmung, und die Vegetation würde ebenfalls verderben. Es geht um Balance – beiden Elementen ihren Teil zuzugestehen. Dazu muss man beide Aspekte erkennen und sich in ihren Rhythmus fügen. Das bedeutet es, mit dem Tao zu fließen, der ursprünglichen Quelle aller Erscheinungen in der östlichen Weisheitslehre.

Diese Weise, die Dinge zu begreifen, bezeichne ich als energetisch. Es geht weniger um die Analyse und Benennung der kleinsten Bestandteile, sondern um Zusammenhänge, um Ursache und Wirkung. Betrachten Sie dieses Buch unter diesem Gesichtspunkt, dann wird es Ihnen leichter zugänglich sein und auch mehr Freude bereiten. Ernährungsbücher mit vielen Tabellen, Zuordnungen und Vitaminangaben finden Sie zuhauf beim örtlichen Buchhändler. Ich möchte Sie allerdings dazu inspirieren, ihre Wahrnehmung zu schulen. Lernen Sie, Lebensmittel zu fühlen. Spüren Sie die Wirkung eines Essens, das Sie gerade zu sich genommen haben. Nehmen Sie die Energie und die Wirkung einer Mahlzeit noch vor dem Verzehr wahr. Und gehen Sie es vor allen Dingen spielerisch an. All das soll Freude bereiten. Sehen Sie die Küche als kreativen Spielplatz, auf dem sie mit Gerüchen und Geschmäcken hantieren. Machen Sie Gewürze zu Ihrem persönlichen Ausdruck. Lassen Sie auch zu, dass etwas danebengeht. Wer nicht übt, wird auch nicht gut in dem, was er tun möchte.

**Und noch etwas ...
Eine Küche darf bei intensiver Benutzung auch mal aussehen wie ein Schlachtfeld – geputzt wird hinterher.**

Wissen

Alles fließt! Auch Wissen verändert sich permanent. Das, was vor 500 Jahren Schulmeinung war, klingt heute teils lächerlich. Wer damals etwa behauptete, die Sonne sei das Zentrum der Galaxis, wurde der Ketzerei angeklagt. Heute würde solch ein Abweichler das Etikett des Verschwörungstheoretikers verpasst bekommen, und der Normalmensch hätte auch wieder seine Ruhe. Wären Sie damals bereit gewesen, das Unvorstellbare zumindest als Möglichkeit in Betracht zu ziehen? Dass sich die Erde vielleicht doch um die Sonne drehen könnte?

Seien Sie sich bewusst, dass diese Verschiebungen auch mit unserem aktuellen Wissen geschehen werden. Heute gelten Menschen als Spinner, die an die Existenz von außerirdischen Intelligenzen oder feinstofflichen Wesenheiten glauben. Wer weiß schon wirklich etwas?

Das, was Sie zu wissen glauben, haben Sie letztlich nur von anderen übernommen. Es ist das, was Sie als aktuelle Lehrmeinung innerhalb des Schulsystems vorgesetzt bekommen und auf Ihrer Festplatte gespeichert haben, um es bei Bedarf wiedergeben zu können. Sie sind programmiert, um eine bestimmte Tätigkeit ausführen zu können. Mit echtem Wissen hat das nichts zu tun. Wenn Sie ein Stromkabel anfassen und einen Schlag bekommen, dann wissen Sie, wie sich das anfühlt, und kein Mensch auf der Welt wird Ihnen etwas anderes erzählen können. Das ist Wissen.

Wenn Sie gelernt haben, ein Fahrrad zu fahren, ist das Wissen. Sie brauchen darüber nicht mehr nachzudenken, Sie fahren einfach. Es ist von der reinen Verstandesebene des Hirns in eine tiefere Schicht in Ihnen eingesunken. Es hat sich in Ihren Zellen verankert und ist in diesen gespeichert. Das ist Wissen. Das schließt mit ein, das sich auch diese Inhalte wieder verändern können, vielleicht auf eine neue Ebene gehen. Der Vorgang, wie Erfahrung zu Wissen wird, bleibt gleich.

Warum erzähle ich Ihnen so viel von Wissen? Weil das schon eine wesentliche Quelle Ihrer Ratlosigkeit in Sachen Ernährung ist. Die meisten Menschen haben verlernt, zu fühlen, zu spüren, was geschieht, wenn Sie ein bestimmtes Lebensmittel essen. Der Vorgang findet weitestgehend unbewusst statt, nur starke Stimulanzien werden registriert und als angenehm oder unangenehm eingestuft. Somit automatisieren Sie ihr Essverhalten, ohne dass Sie wissen, was Sie da eigentlich tun.

Die ganze traditionelle chinesische Medizin (TCM) inklusive ihrer verschiedenen Disziplinen wie der 5-Elemente-Lehre oder Feng-Shui ist eine reine Erfahrungslehre. Sie ist entstanden durch jahrhundertelange Beobachtung der Wirkungsweisen von Gemüsen, Kräutern, Wurzeln, Gewürzen, Tinkturen, Jahreszeiten, körperlichen Konstitutionen, Tageszeiten, Alter, Geschlecht u.v.m. Ihre Begründer haben erlebt, was geschieht, wenn sie etwas in den Mund steckten. Sie konnten die Wirkung fühlen und Rückschlüsse daraus ziehen, in welchem Zusammenhang diese mit Gesundheit oder Krankheit steht. Wir kultivieren diese Fähigkeit heute nicht mehr, dennoch tragen wir sie in uns. Man kann das Erfahren trainieren wie man übt, ein Instrument zu spielen.

Betrachten Sie Ihren Körper, als wäre er ein Instrument, das Sie spielen. Die Töne, die aus ihm kommen, haben Sie selbst erzeugt, nur ist Ihnen das in den meisten Fällen nicht klar. Sie brauchen jemanden, der Ihnen die Grundfunktionen zeigt und Ihnen ein paar Stücke zum Üben mit nach Hause gibt. Diese müssen Sie immer wiederholen, um das Instrument irgendwann besser spielen zu können. Somit kann dieses Üben zum Do werden, einem Weg, um den Geist zu kultivieren, in der japanischen Kultur. Den Menschen durch Üben und Wiederholen in seine Mitte zu führen, ist der wahre Sinn eines jeden Do.

Mit der Nahrung können wir unseren Weg in die eigene Mitte auf der biochemischen Ebene unterstützen. Es ist nicht möglich, durch Essen – sei es auch noch so intelligent – erleuchtet zu werden. Deshalb sollte man auch auf allzu radikale Ansätze verzichten. Letztlich geht es immer noch einfach nur um Essen, und das sollte Genuss sein. Richtige Nahrung, die uns nährt und unsere Biochemie stimuliert, hilft uns dabei, ruhiger und friedlicher und somit auch mehr bei uns selbst zu sein.

Kommen Sie mit, ich möchte Ihnen ein paar interessante Dinge zeigen …

Parameter – in welchem Zeitfenster bewegen wir uns?

Um etwas zu verstehen, ist es oft sehr hilfreich, es mit einigem Abstand zu betrachten. Wir leben innerhalb einer kurzen Zeitspanne und verfügen über das Wissen, das in dieser Periode modern und anerkannt ist. Schon die Generation unserer Großeltern hatte fast gänzlich andere Informationen zur Verfügung. Früher wurde erprobtes Wissen innerhalb der Familie weitergegeben. Nicht alles davon war sinnvoll, aber diesen Wissenstransfer an sich gibt es heute, wenn überhaupt, meist nur noch in ländlichen Gegenden.

Wenn man sich mit anderen Menschen über gesundes Essen unterhält, kommen oft ähnliche Überzeugungen auf den Tisch. Was dabei oft nicht beachtet wird, ist, dass sich viele Parameter verschoben haben. Die Milch von heute hat mit der Milch von vor 80 Jahren kaum noch etwas zu tun. Die Böden haben sich verändert und damit das Futter für die Tiere. Buttermilch entstand früher durch eine natürliche Milchsäurefermentation aus hochwertiger Kuhmilch. Für diese Hochwertigkeit benötigt die Kuh aber einen entsprechenden pH-Wert in ihrer Nahrung, der aufgrund vieler frischer und verschiedener mineralhaltiger Kräuter von der Wiese zustande kommt. Statt Grün gibt's heute Kraftfutter, und die Wiesen sind entmineralisiert und durch Monokultur auf wenige Arten beschränkt. Buttermilch kann – von wenigen Ausnahmen abgesehen – nicht mehr auf natürlichem Wege hergestellt werden. Sie entsteht im industriellen Schnellverfahren und hat mit dem ursprünglichen Produkt nur noch wenig gemeinsam, weil die Milchsäurebakterien eben nicht in natürlicher Form entstehen können, sondern zugesetzt werden. Dieses Beispiel soll Ihnen zeigen, dass manche Dinge vielleicht noch denselben Namen haben, aber trotzdem nicht mehr das gleiche Produkt sind. Dinge verändern sich.

Ich vertrete eine vegane Ernährung, und auch die Rezepte in diesem Buch enthalten keine Tierprodukte. In der 5-Elemente-Lehre gibt es jedoch viele klassische Rezepte mit Fleisch, Fisch und Innereien. Allerdings wurde, als Tiere noch traditionell gehalten wurden, davon weitaus weniger gegessen und die Qualität von damals war deutlich höher als bei dem heutigen Fleisch. Die Tierhaltung an sich hat sich stark verändert. Zusatzstoffe werden verabreicht, die Schlachtung findet industriell statt und ist blanker Horror. Unsere Meere sind belastet, Bestände überfischt. Informationen über den bedauerlichen Zustand der Erde finden sich überall. Von all diesen Dingen haben die meisten Menschen schon gehört und wollen es auch nicht mehr unterstützen.

Um ein Verständnis dafür zu bekommen, warum wir uns als Menschen in solch einen raubbauorientierten Kollektivzustand hineinmanövriert haben, ist es hilfreich, noch mal etwas mehr Abstand zu nehmen.

Kali Yuga

Wir sind es gewohnt, die Menschheitsgeschichte auf einen relativ kleinen Zeitrahmen zu beschränken. Die erste Hochkultur wird den Sumerern zugesprochen, davor klafft ein gewaltiges Loch, und irgendwann davor hat der Homo sapiens den Neandertalern den Rang abgelaufen.

In den alten vedischen Zeitrechnungen gesteht man der Menschheit schon viel früher Hochkulturen zu und ist auch mit Zeiteinteilungen um einiges großzügiger. Dort verläuft die menschliche Entwicklung in 4 Zeitaltern, den sogenannten Yugas. Diese dauern insgesamt 4 320 000 Jahre und wiederholen sich zyklisch. Laut den vedischen Schriften befinden wir uns gegenwärtig am Ende des 5000 Jahre währenden Kali Yuga – des Zeitalters der Dunkelheit. Dunkelheit bezieht sich auf das Ignorieren der geistigen Komponente des Seins, die Auffassung eines rein mechanischen Ablaufs der Ereignisse in unserem Universum. Der Mensch dieser Ära ist sich seiner göttlichen Herkunft nicht mehr bewusst, verleugnet diese und zieht sie sogar ins Lächerliche.

Das Credo lautet: Alles ist machbar durch meinen (Ego-)Willen. Gewinnmaximierung und Wachstumswahnsinn sind das Krebsgeschwür auf der äußeren Ebene. Der Mensch agiert einfach nur, weil es die anderen auch so machen – keine Zeit, sich dem Yin, den Wurzeln, zu widmen, passiv und wach wahrzunehmen, was sich in einem selbst zeigt. Doch nur durch diese ruhige »Unproduktivität« entstehen die Klarheit und die Inspiration, um echte Bedürfnisse wahrzunehmen. Zum Beispiel: Was wünschen sich meine Zellen zum Mittagessen?

Du tust es jeden Tag, ein ganzes Leben lang: essen!

Scheinbar weiß man sehr viel über Ernährung, und gleichzeitig ist so wenig von diesem Wissen wirklich brauchbar und hält der täglichen Wirklichkeit lange stand. Das meiste sind übernommene, von angeblichen Instanzen ausgegebene Ernährungsschlauheiten, die nach einem halben Jahr neuen Weisheiten Platz machen müssen.
Die Verwirrung ist groß. Dabei geht es doch um Essen, es geht um Lust und Genuss, und das möglichst ohne den Beigeschmack von Degeneration. Wie ein gereifter Heilpraktiker es einmal so schön formulierte: Die meisten Menschen bringen sich heute mit Messer und Gabel um.

Wie haben sich Menschen im Laufe der Jahrtausende ernährt? Wo haben sich Hochburgen der Kochkultur entwickelt? Was hat wirklich funktioniert?

Lehren, die die Jahrtausende überdauert haben, wie die 5-Elemente-Küche, die Teil der traditionellen chinesischen Medizin ist, ebenso wie das indische Ayurveda, erfreuen sich dauerhafter Beliebtheit. Auch wenn vieles davon für westliche Denker nicht immer leicht zu verstehen ist, es gibt einen gemeinsamen Nenner, der diese Lehren miteinander verbindet. Wie auch alte westliche Systeme, etwa die Hildegard-Küche.

Es ist das Prinzip von Yin und Yang, den weiblichen und den männlichen Polaritäten, einander entgegengesetzten energetischen Wirkprinzipien, die sich überall in der Natur wiederfinden. Ebenso in all unseren Nahrungsmitteln und in uns selbst. Der moderne Mensch, der nicht mit den natürlichen Rhythmen lebt, hat auch den Kontakt zu seinen inneren Rhythmen weitestgehend verloren. Doch diese Rhythmen wirken weiter, sie laufen stets im Hintergrund ab – wie Ebbe und Flut, die auch konstant wechseln, ohne dass Sie davon etwas mitbekommen, wenn Sie nicht gerade direkt am Meer leben.

Natürlich entspringt die Symbolik von Yin und Yang nicht dem westlichen Kulturkreis, aber es gibt im Bereich der Nahrung eine Übersetzung: Säuren und Basen. Ähnlich wie Ebbe und Flut gibt es ein Wechselspiel von Säften innerhalb unseres Körpers, und immer ist die Balance zwischen beiden der erstrebte Moment, in dem wir nichts mehr brauchen und uns nichts fehlt. Übertragen wir das auf den Teller, geht es um einen Zustand, in dem kein weiteres Bedürfnis nach etwas Salzigem, etwas Süßem oder sonst irgendetwas entsteht. Man hat von allem und tritt in den Bereich der Zufriedenheit ein, in der Sprache der 5 Elemente in den Bereich der Mitte – der Erde.

Ich möchte Sie einladen, Nahrungsmittel einmal durch die Energiebrille zu sehen, nicht mit den einprogrammierten Etikettierungen von gesund oder ungesund. In Energie zu denken, ist gar nicht so schwierig, Sie müssen es nur etwas üben. Fangen Sie einfach damit an …

Thermodynamik

Ein wesentliches Grundprinzip, um Yin und Yang zu charakterisieren, ist im Begriff der Thermodynamik enthalten. Ist ein Nahrungsmittel thermisch warm oder kalt? Der Begriff kommt eigentlich aus der Physik, und ohne ein Verständnis der Wärmewirkung wären Luftfahrt und viele weitere technische Errungenschaften undenkbar.

Kühlende und wärmende Eigenschaften sind aber auch Ausdruck einer Energiequalität eines Lebensmittels. Nach der chinesischen Medizin haben alle Lebensmittel einen Einfluss auf unsere Organe: Sie wirken wärmend oder kühlend und damit anregend oder beruhigend. Unsere aktuellen Ernährungsgewohnheiten zeugen von der Unwissenheit bezüglich dieser thermischen Eigenschaften. Obst, das eine kühlende Eigenschaft hat, wird auch im Winter gegessen, unbeeindruckt davon, ob es gerade in unserer Region wächst oder reif ist. Obst soll gesund sein, und daher wird es gegessen. In der Folge leiden vor allem viele Frauen unter chronischem Frieren, weil sie zusätzlich auch noch Salate und Milchprodukte essen, die allesamt ebenfalls kühlend wirken. Nach Ansicht der TCM ist chronisches Frieren ein Energiemangelzustand und wird als Krankheitssymptom betrachtet. Antriebsschwäche und schwacher Kreislauf sind weitere Folgeerscheinungen, die sich einstellen.

Essen Sie eine Chilischote, wird es Ihnen relativ schnell warm werden, bei Joghurt geschieht das Gegenteil. Viele Menschen spüren zwar, was die einzelnen Lebensmittel mit ihnen machen, aber sie wenden dieses Wissen nicht an, um ihren Alltag energetisch zu regulieren. Nahrungsmittel können den Körper erwärmen und erhitzen, erfrischen und kühlen oder auch einfach neutral wirken. Diese Wirkungen sind aber nicht feststellbar in Form einer messbaren Temperaturerhöhung. Wir können durch den Verzehr einer scharfen Suppe deutliche Hitzewallungen bekommen oder uns durch ein Eis im Sommer spürbar erfrischt fühlen – auf einem Thermometer werden wir aber keine Veränderung unserer Körpertemperatur feststellen können. Auch

heiß
hochprozentiger Alkohol, Chili, Zimt, getrockneter Ingwer, Pfeffer, Cayenne, Curry, Galgant

warm
Kardamom, Nelken, Anis, Fenchel, Walnuss, Langkornreis, Pinienkerne, Honig, Essig, weißer und brauner Zucker, Muskat, Wein, Fenchel, Ingwer

neutral
Reis, Mandeln, Erbsen, Shiitake, Kohl, schwarze Sojabohnen, Azukibohnen, Hafer, Tofu, Blumenkohl, Karotten, Brokkoli, Süßkartoffel, Algen, Miso, Weißkraut, Wildreis

kühl
grüner Tee, Mungbohnen, Sellerie, Spinat, Sesamöl, Tofu, Sojadrink, Hirse, Buchweizen, Ananas, Orange, Zitrone, Tomate, Artischocke, Kartoffel, Grapefruit, Kresse, Kohlrabi, Radieschen

kalt
Salz, Sojasoße, Umeboshi, Melone, Kiwi, Joghurt, Quark, Banane, Löwenzahn, Bambussprossen, Mangold, Gurke, Pfefferminze, Knollensellerie

Emotionen können uns erhitzen oder abkühlen. Für all diese biochemischen Reaktionen in unserem Körper hält die Wissenschaft aktuell noch keine brauchbaren Messinstrumente bereit.

Dass wir dennoch die Folgen spüren können, wird kaum jemand anzweifeln. Dass unsere Körpertemperatur dennoch konstant bleibt – und das, egal ob wir uns in eisigen oder tropischen Gebieten aufhalten – verdanken wir, chinesisch ausgedrückt, dem »Dreifach-Erwärmer« – unserer körpereigenen Klimaanlage.

Unsere Zellen regulieren über ihre Mitochondrien (die Zellkraftwerke) unsere Körpertemperatur, basierend auf den Informationen, die sie vom Dreifach-Erwärmer bekommen. Wie in einem Heizkessel wird hier durch Verbrennen (Yang) von Treibstoff und Bewegung die Temperatur erhöht oder durch Verdunsten (Yin) von Säften und Verlangsamung gesenkt. Lebensmittel, die als Yin eingestuft sind, haben also meistens eine kühlende Wirkung und sorgen für Verdichtung, weil sich unsere vitalen Kräfte verlangsamen. Das Gegenteil geschieht, wenn wir Yang-Speisen zu uns nehmen – es wird warm, die Energie geht nach oben, und wir werden aktiv. Die Kunst ist, beide Wirkungen je nach persönlicher Konstitution, Jahreszeit und Wohnort in Harmonie zu bringen, ohne zu stark in die eine oder andere Richtung zu driften.
Oft kann man beobachten, dass yinnige Menschen auch vorzugsweise Yin-Nahrung zu sich nehmen und yangige Personen umgekehrt auch anständig yang essen. Frauen leiden besonders unter kühler Thermik, da sie von Haus aus eher yin sind, aufgrund von Ernährungsglaubenssätzen aber oftmals yangige Nahrung vermeiden. Die Mitte ist der Weg zur Harmonie.

Der innere Kochtopf

Im Lauf der Jahrhunderte hat Essen in Europa einen ganz anderen Stellenwert bekommen. Ging es früher hauptsächlich darum, zu überleben, oder in Hochkulturen, möglichst vital zu sein, so ist Nahrungsaufnahme heute entweder mit Schlanksein oder Ersatzbefriedigung verknüpft. Eigentlich ähneln viele Menschen von ihrem Essverhalten eher Stopfgänsen, wahllos wird Füllmaterial ohne zu kauen heruntergeschlungen. Wachstum in die falsche – seitliche – Richtung und Degeneration sind die Folgen. Für den Körper ist diese Art zu essen reiner Stress, und dieser ist hochgradig sauer. Da für die meisten Menschen aktuell auch der Alltag stressig ist, fremdbestimmt und unbefriedigend, ist der Wunsch groß, sich zumindest über Nahrung etwas Befriedigung zu verschaffen. Doch der Preis für häufigen Verzehr von Pizza, Döner und Currywurst wird in der harten Währung Vitalität bezahlt.

Manche Menschen wiederum sind der festen Überzeugung, einzig roh verzehrte Lebensmittel seien der Königsweg der Ernährung. Die Frage, die sich immer stellen muss: Wer isst diese rohe Kost und für wie lange? Alles, was wir essen, wird von unserem Körper gekocht und in eine Suppe verwandelt. Unseren Verdauungsapparat – also Magen, Milz, Galle, Dünn- und Dickdarm – kann man wie einen Kochtopf in unserem Inneren betrachten. Je verdauungsintensiver eine Mahlzeit ist, desto mehr Arbeit bereiten wir unserer inneren Küche. Verdauungsintensiv heißt roh und kalt wie z. B. ein grobes Müsli mit Nüssen und Kuhmilch, aber auch roh verzehrtes Obst und Gemüse. Smoothies werden ebenfalls von unserem inneren Kochtopf erwärmt und stehen uns erst danach als Energie zur Verfügung. Viele Menschen machen also die Rechnung ohne den Wirt: Die Wärmeleistung für den inneren Kochvorgang wird von uns erbracht, und Müdig-

keit und Antriebsschwäche sind die Folgen, weil unsere innere Kochmannschaft schuftet und für den Rest keine Energie mehr übrig bleibt. Abhängig von Ihrer persönlichen Konstitution und Ihrem aktuellen Energiezustand sind Sie mehr oder weniger in der Lage, mit rohen Nahrungsmitteln umzugehen. Verfügen Sie über ein gutes Verdauungsfeuer, oder ist Ihnen schnell kalt? Bewegen Sie sich viel an der frischen Luft, oder sitzen Sie den ganzen Tag im Büro?

Als der Mensch sein Fleisch noch selbst jagte und sich von Beeren und Wurzelrohkost ernährte, war sein körperlicher Einsatz für eine Mahlzeit ungleich höher als heute. Das Hauptlebensmotiv war, zu überleben, und die Lebenserwartung lag bei ca. 30 Jahren. Den ersten großen Evolutionssprung machte die Menschheit mithilfe des Feuers. Erst, als Speisen gekocht wurden, entwickelte der Mensch – dank der höheren und verfügbareren Energie – ein größeres Gehirn. Sprache und soziale Strukturen wurden entwickelt und verfeinert. Vor Tausenden von Jahren hing in jeder menschlichen Siedlung ein großer Topf über der zentralen Feuerstelle. Alles, was geerntet, gesammelt oder erlegt wurde, wanderte in diesen Kessel und wurde zum Teil über viele Tage hinweg darin gekocht. Da dieser Brei immer köchelte, konnte das Essen auch nicht verderben. Hatte man Hunger, bediente man sich. Durch das Auskochen wurde es für den Körper leicht, auch eigentlich Schwerverdauliches, z. B. Wurzeln oder Fleisch, in Energie umzuwandeln. Der Vorteil dieser Form von Nahrung war also zum einen, dass sie konserviert wurde, und gleichzeitig, dass schwere Kost für die Verdauung aufgeschlossen wurde.

Machen Sie es sich also leicht, an Energie zu kommen, indem Sie warm essen und vor allem den Tag mit einem gekochten Frühstück beginnen!

Säuren & Basen – und die Irrtümer unserer Zeit

Doch etwas Weiteres entscheidet elementar darüber, ob Sie aus Ihrer Nahrung leicht oder schwer Energie beziehen: der pH-Wert. So vieles kann man zu diesem Thema lesen. Was soll nicht alles basisch sein! In Form von Tabellen und Baseneinkaufsführern finden sich vielerlei Angebote wie Basenfasten, Kochkurse und Ergänzungsmittel.

Als die ersten Einzeller das Meer, unsere biologische Ursuppe, verließen, haben sie es einfach mitgenommen. Die Energiegewinnung, die vorher in direktem Austausch mit dem salzigen Meerwasser funktionierte, wurde jetzt durch die körpereigenen

Flüssigkeiten sichergestellt. Unser Blut und unsere Lymphe sind das Abbild dieses ursprünglichen Meeres, in dem unsere Zellen baden. Sie definieren sich über einen bestimmten pH-Wert.
Der pH-Wert ist ein Maß dafür, wie sauer oder basisch eine Lösung ist. Er gibt an, wie viele Wasserstoffionen in ihr vorhanden sind. Die Abkürzung »pH« leitet sich vom neulateinischen »potentia Hydrogenii« ab, was übersetzt »Konzentration des Wasserstoffs« bedeutet. Betrachten Sie den pH-Wert also wie eine Art Energieeinheit, die ein bestimmtes organisches System benötigt, um auf seine Art leben zu können. Auf diesem Planeten bewegen sich die uns bekannten pH-Werte zwischen 0 (Schwefelsäure) und 14 (Natronlauge). 1 bedeutet also Schwachstrom, 14 absoluter Starkstrom.

Die Mitte liegt bei 7, Substanzen mit diesem Wert sind also pH-neutral. Alles, was darüberliegt, bezeichnen wir als basisch oder alkalisch, Werte darunter sind sauer. Um unseren Motor, das Herz, am Laufen zu halten, benötigen wir eine Stromeinheit von 7,35–7,4. Dieser Wert ist bei allen gesunden Menschen gleich und ändert sich während des ganzen Lebens nicht. Damit dieser Wert auch stabil bleibt, wacht unser Körper mit einem komplexen Puffersystem darüber. Gelingt ihr das nicht und wird das Blut sauer, bezeichnet man das als Azidose. Sinkt der pH-Wert im Herzmuskelbereich unter 6,9, fallen wir in Bewusstlosigkeit und können sogar daran sterben, weil dem Herz nicht mehr genug pH-Strom zur Verfügung steht, um zu schlagen.

Man hört Menschen oft davon reden, dass sie übersäuert seien und deshalb basischer essen wollen. Die Aussage, man sei ausgelaugt, trifft es aber besser: Laugen – oder Basen – hat man zu wenig. Durch einen Automatismus werden Säuren nämlich immer mit unseren körpereigenen Basen ausgeglichen, um eine Übersäuerung zu verhindern. Alle Programme, die quasi zur Basissoftware unseres Körpers gehören, wie z. B. Wärmeregulierung oder Herzschlag, sind besonders wichtig für uns. Unser Körper reguliert also ständig, um den pH-Wert im Blut stabil halten zu können. Geben wir nicht ausreichend Basenmineralien im Kochvorgang hinzu, dann sponsert der Körper diese »sauren« Mahlzeiten mit körpereigenen Reservemineralien. Da wir zu 80 % aus Basen bestehen, können wir dieses Spiel auch sehr lange betreiben. Doch es hinterlässt seine Spuren.

Intelligent, wie unser Körpersystem nun mal ist, holt es sich die benötigten Mineralien auch nicht direkt aus den Organen oder Knochen, sondern beginnt bei weniger wichtigen Ersatzteillagern wie dem Haarboden beim Mann. Ohne Haare kann man prima leben. Es ist jedoch wichtig, zu erkennen, was bei Haarausfall im Hintergrund abläuft. Die Ausrede, dass dieser erblich bedingt sei, beantworte ich gern damit, dass auch die ursächlichen Essgewohnheiten vererbt wurden. Werden die säureregulierenden Mechanismen überstrapaziert, weil Sie zu viele Lebensmittel mit saurem pH-Wert essen, versucht sich der Körper selbst zu helfen, indem er die entstehenden Säuren im Bindegewebe zwischenlagert. Stehen wieder ausreichend Mineralien zur Verfügung, werden sie nach und nach abgebaut. In der Regel kommt es aber nicht zum Abbau dieser sauren Zwischenlager, denn die wenigsten Menschen ändern dauerhaft ihre Essgewohnheiten. Es kommt ganz im Gegenteil immer mehr hinzu, bis schließlich eine Azidose, eine chronische Übersäuerung, vorliegt.

Frauen profitieren bis zu den Wechseljahren von der Menstruation. Sie ist eine Software des Körpers, um die Attraktivität und Gebährfähigkeit zu erhalten, denn durch sie werden die sauren Überschüsse monatlich entsorgt. Doch je nach Ess- und Lebensgewohnheiten können auch dadurch nicht alle Säuren entsorgt werden und die Depots wie das Bindegewebe an Oberschenkeln und -armen füllen sich im Lauf der Jahre immer mehr an. Vom Körper mit Wasser verdünnt, um nicht zu ätzen, gedeihen sie zu einem weit verbreiteten Symptom: Cellulite. Der Körper hat auch noch weitere Tricks drauf, um Säuren loszuwerden: Zahnstein, Fußpilz oder viele Arten von Hauterkrankungen wie Neurodermitis geben ihm die Möglichkeit, saure pH-Werte auszuscheiden. Deshalb sollten diese Erscheinungen auch nicht mit Symptommedizin bekämpft, sondern die Ausscheidungen ganz im Gegenteil unterstützt werden. Helfen Sie Ihrem Körper dabei, Säure loszuwerden, indem Sie Ihr größtes Ausscheidungsorgan nutzen: Ihre Haut. Ein sehr effizientes Mittel sind hier basische Bäder. Mindestens 45 Minuten sollten es schon sein – je länger, desto mehr kann ausgeschieden werden. Der nächste wichtige Schritt ist, den Nachschub an Säuren zu verringern, was bedeutet, dass Sie in Zukunft Basen in den Kochvorgang einbeziehen.

Wenn Sie dies nicht tun, dann tut es ihr Körper nachträglich mit seinen eigenen Mineralien. Anfänglich verlieren wir dadurch vielleicht unsere Haare oder fördern das Entstehen von Cellulite, aber zunehmend muss der Körper in immer tiefer gelegene Schichten vordringen. Zeigt sich dieser Raubbau zunächst durch chronische Müdigkeit, Frieren und Antriebslosigkeit, gehen die Symptome über die Jahre in handfestere Energiemangelzustände über wie Blutdruckprobleme, Rheuma, Gicht, Arteriosklerose, Osteoporose bis hin zu Krebs und Herzinfarkt.

All diese Zivilisationskrankheiten hängen unter anderem mit einer Entmineralisierung und ihren Folgen zusammen. Je nach persönlicher Veranlagung holt sich der Körper die Mineralien bevorzugt aus bestimmten Regionen. Doch bei all diesen Krankheiten muss auch immer die emotionale Komponente als Ursache in Betracht gezogen werden. Verdrängte Konflikte sorgen genau wie erlebte Freude für biochemische Reaktionen innerhalb unseres Systems und sind nicht zu unterschätzen. Stress, Wut und Angst sind hochgradig sauer, und Freude, Liebe und Mut sind basisch. Eine echte Heilung bedeutet somit auch immer eine Auseinandersetzung und Transformation auf feinstofflicher Ebene.

Wenn Sie lernen, entsprechend für mehr pH-Power im Essen zu sorgen, liefern Sie sich gleichzeitig auch den Rohstoff für Regeneration. Sie essen Information, und diese Energie kann Sie bei Ihrem Bewusstwerdungsprozess enorm unterstützen, genau wie tote Nahrung sie dabei behindern kann. Die Energiegewinnung geschieht in unseren Mitochondrien, Billionen kleiner Kraftwerke, in denen die eigentliche Lebenskraft – das Chi, Ki oder Prana – gewonnen wird. Um ein Kraftwerk zu betreiben, braucht es Rohstoffe. In diesem Fall sind das saubere Eiweiße, langsam verbrennende Kohlenhydrate und reine Fette in Verbindung mit einem guten pH-Wert. Haben die Mitochondrien diese Zutaten, können Sie ordentlich feuern und produzieren Strom. Sie merken das daran, dass Sie sich einfach gut fühlen: wach, vital und energetisch. Müssen die Zellkraftwerke mit schlechtem Material und niedrigen pH-Werten arbeiten, entstehen unter anderem freie Radikale, und eine Kettenreaktion wird in Gang gesetzt, in der die fehlende Energie importiert werden muss. Das merken Sie auch: Sie sind müde, passiv und wollen am liebsten fernsehen. Oft greift der Mensch jetzt zur Kaffeepeitsche. Das Koffein soll das Energieloch stopfen, aber es handelt sich hierbei vielmehr um einen Kredit, den Sie bei Ihrer privaten Energiebank aufnehmen.

Was ist denn nun basisch? Um beim Kochen einen höheren pH-Wert in den Topf zu bekommen, ist es wichtig, zu wissen, welche Dinge tatsächlich einen hohen pH-Wert haben und welche einen niedrigen.

Als Erstes sollten Sie wissen, dass es überhaupt keine basischen Lebensmittel gibt. Die gesamte Natur ist im sauren Bereich angelegt, und die pH-Werte bewegen sich zwischen 1 und 7. Darüber hinaus gibt es ein paar wenige Dinge, die über pH 7 angesiedelt sind und somit basisch sind. Die folgende Tabelle gibt Ihnen einen Überblick:

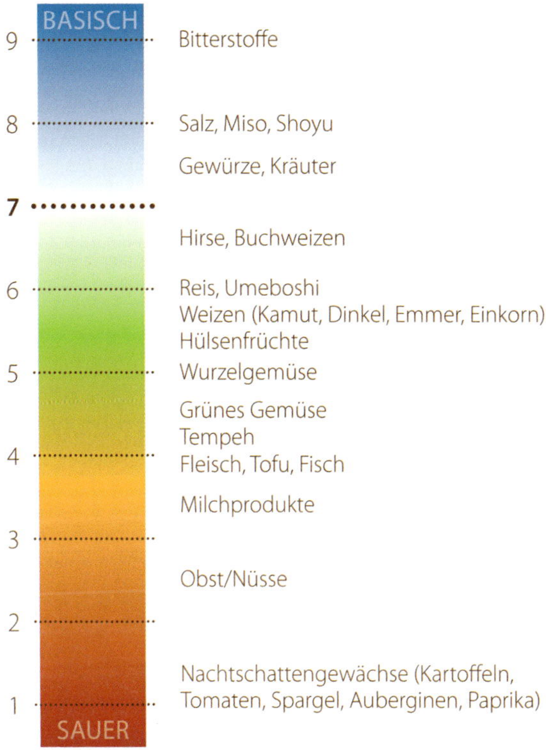

Sie werden feststellen, dass diese Tabelle nicht den allseits bekannten Basentabellen entspricht und diesen sogar widerspricht. Die Gründe hierfür erkläre ich im Folgenden.

Oftmals ist die Sprache Quelle vieler Missverständnisse. In unseren Chemiebüchern können wir die Begriffe basenbildend und säurebildend finden. Diese werden leider komplett entgegengesetzt zu ihrer wirklichen Bedeutung interpretiert. Basenbildend bedeutet nicht, dass hier Basen aufgrund des Verzehrs eines Lebensmittels für uns verfügbar werden, sondern, dass körpereigene Basen aus unseren Reserven für den energetischen Ausgleich einer Mahlzeit aktiviert werden müssen. Umgedreht bedeutet säurebildend eben auch nicht, dass etwas besonders sauer ist, sondern, dass körpereigene Säuren zum Einsatz kommen, um zu hohe pH-Werte im Essen auszugleichen.

Die meisten Basentabellen zeugen von diesem folgenschweren Missverständnis, werden von einer in die andere Publikation übernommen und nicht infrage gestellt. Das Fatale daran ist, dass sämtliche darauf fußenden Ernährungsempfehlungen nicht funktionieren können.

Ein weiterer Denkfehler führt zu irrigen Annahmen. Man lässt zu Studienzwecken Probanden z.B. Kartoffeln essen und misst im Anschluss den pH-Wert in deren Urin. Dieser hat einen hohen Wert angenommen und liegt im basischen Bereich. Daraus wird gefolgert, dass die Kartoffel basisch sein muss. Doch dies ist ein Irrtum, denn die hier auftretenden Basen stammen nicht von der Kartoffel, sondern resultieren aus dem Abpufferungsprozess, den unser Körper vornehmen muss, um die sehr saure Kartoffel auszugleichen. Es sind unsere eigenen Basen, die für den erhöhten Wert gesorgt haben. Die Kartoffel verfügt über keinerlei Basen, und deshalb muss unser Körper auch ganze Arbeit leisten, um ihren pH-Wert zu kompensieren. Sie bewirkt eine starke energetische Dysbalance.

Die Kartoffel – der Liebling aller Basenkuren, und jetzt plötzlich sauer? Das ist verständlicherweise schwer annehmbar. Tibetische Ärzte verbieten Krebspatienten den Verzehr von Kartoffeln mit der Begründung, diese sei viel zu yin, westlich übersetzt: sauer. Auch hier spielt uns unsere westliche Denkart einen Streich. Je mehr, desto besser – stimmt das wirklich? Allgemein ist bekannt, dass die Kartoffel über sehr viel Kalium verfügt, und deshalb wird sie bei uns auch als gesund eingestuft. Für ein Gleichgewicht braucht es aber auch den Gegenspieler, Natrium. Kalium steht hier für den Yin-, Natrium für den Yang-Aspekt. So, wie Strom nur entsteht, wenn beide Pole, Plus und Minus, vorhanden sind, braucht es auch in Lebensmitteln beide Pole, Kalium und Natrium, um einen Energiefluss entstehen zu lassen. Besteht ein Nahrungsmittel fast ausschließlich aus Kalium, ist es hauptsächlich Yin und somit als chemisch sauer einzustufen. Um der Kartoffel zu etwas mehr Dynamik, also Yang, zu verhelfen, wird sie in der Regel auch anständig gesalzen. Als beste Art, Kartoffeln zu essen, kann man Bratkartoffeln betrachten. Beim Kochvorgang wird viel Hitze, also Yang, hinzugefügt sowie reichlich basische Kräuter wie Rosmarin, Bohnenkraut, Oregano usw. Doch selbst dadurch wird die Kartoffel insgesamt nicht basisch. Sie bleibt eine Beilage, die ab und zu innerhalb eines Menüs mit auf den Tisch darf. Schlauer wäre es, der Kartoffel nicht zu allzu viel Bedeutung einzuräumen und es mal mit Süßkartoffeln zu versuchen. Diese sind ebenfalls nicht basisch, sind aber auch keine Nachtschattengewächse und um einiges yangiger als die normalen Kartoffeln. Bei uns weitestgehend unbekannt, vom Rest der Welt aber sehr geschätzt und deshalb unter vielen Namen bekannt, ist eine Wurzel namens Maniok, Yuca, Cassava usw., mit der man wunderbar die Kartoffel ersetzen und leckere Gerichte zubereiten kann.

Doch egal, was Sie in Ihrer Küche zubereiten, etwas von den folgenden Dingen sollte beim Kochen zum Einsatz kommen, um den pH-Wert anzuheben:

Basen

Gewürze – Spice up your life!

Gewürzt wird in Deutschland wie zu Nachkriegszeiten, Mengenangaben benutzen oft Begriffe wie eine Prise, eine Messerspitze, ein Hauch. Im Ayurveda gilt als Faustregel für das Würzen 1 Esslöffel Gewürzmischung pro Kopf und Mahlzeit. Von solchen Mengenverhältnissen sind die meisten westlichen Menschen meilenweit entfernt.

Gewürze sind absolut essenziell, um den pH-Wert im Kochvorgang anzuheben, aber nur wirksam bei bester Bioqualität. Natürlich kostet das ein wenig mehr, aber man sollte nicht vergessen, dass es noch vor wenigen hundert Jahren nur wohlhabenderen Bevölkerungsschichten überhaupt möglich war, Gewürze wie Zimt, Kardamom, Nelken und Vanille zu verwenden. Die Reisen in ferne Länder dauerten viele Monate und wurden von den Seefahrern und Händlern nicht selten mit dem Leben bezahlt. Heute gehen Sie einfach in einen Bioladen und kaufen exotische Gewürze, ohne sich dieses Luxus bewusst zu sein.

Kräuter – wild und ungezähmt

Wer die Möglichkeit hat, kann sich im eigenen Garten oder auf dem Balkon eine kleine grüne Apotheke anlegen. Petersilie, Schnittlauch und Basilikum sind die bekanntesten Kräuter. Aber das Beste, was Sie an frischem grünem Chlorophyll überhaupt zu sich nehmen können, sind Wildkräuter. Sie sind voller Vitamine, Mineralstoffe und Spurenelemente. Alles das, was wir aus dem Gemüse, das auf unseren ausgelaugten Böden wächst, nur noch in verminderter Form bekommen können. Wilde Kräuter wachsen oft relativ unbeeinflusst vom Menschen und sind darüber hinaus auch noch kostenlos. Probieren Sie mal einen Salat aus Brennnesseln, Löwenzahn, Giersch, Kerbel, Schafgarbe oder Thymian, um nur ein paar wenige zu nennen. Sie sollten gesammelte Kräuter sorgfältig waschen und roh verzehren oder erst am Ende des Kochvorgangs z. B. zu einer Suppe dazugeben.

Salz – die Ursuppe

Unser Blut ist eine salzige Suppe, identisch mit dem Meerwasser mit einem Salzgehalt von 0,9%. Es zirkuliert auf über 90 000 km durch die Flüssigkeitsbahnen in unserem Körper. Ohne Salz gibt es kein menschliches Leben. Naturbelassenes Salz besteht aus allen natürlichen Elementen, aus denen auch unser Körper besteht und aus denen einst das Leben im Meer entstanden ist. Ohne dieses Salz würden die Organe nicht funktionieren und wären unsere Zellen nicht lebensfähig. Salz spielt die zentrale Rolle beim Ionenaustausch in den intra- und extrazellulären Prozessen unserer vielen Billionen Zellen und sorgt damit für einen ausgeglichenen pH-Wert in unserem Blut. Früher als weißes Gold bezeichnet, wurde es teurer gehandelt als tatsächliches Gold. Was viele (scheinbar) nicht wissen: Gold und Geld kann man nicht essen. Mit Salz hingegen lassen sich viele Dinge konservieren und für lange Zeit haltbar machen. Das war vor ein paar Jahrhunderten noch viel wichtiger als heute, wo uns alles ständig zur Verfügung steht. Doch zu welchem Preis?

Heute haben viele Menschen Angst vor Salz, und das zu Recht. Durch industrielle Prozesse wurde das ursprüngliche Salz, wie es seit Millionen Jahren in unserer Erde vorkommt, zu einem degenerierten Abfallprodukt verwandelt. Mineralien wurden größtenteils entzogen und durch Rieselhilfen und Trennmittel ersetzt. Diesem Zellgift begegnen wir häufig in Konserven und Fertigprodukten, in der Gastronomie, vor allem im Fast-Food-

Segment, und es findet sich in vielen Soßen, Dips, Chips, Wurst- und Backwaren, eigentlich überall. Und da es billig ist und als Geschmacksverstärker dient, wird es auch reichlich eingesetzt. Durch seinen Konsum wird dem Körper wertvolle Zellflüssigkeit entzogen, und es entsteht ein starkes Bedürfnis nach Flüssigkeit. Praktisch für die Gastronomie, bei der die Gewinnspanne bei den Getränken am höchsten ist.[1]

Ich empfehle Ihnen, soweit es geht auf dieses Pseudosalz zu verzichten. Manchmal lässt es sich nicht vermeiden, aber zumindest zu Hause sollten Sie es ohne Umschweife entsorgen. Verwenden Sie stattdessen einfach Meersalz, Kristallsalz oder Bergsalz – so, wie es aus der Erde kommt, ohne dass die Industrie die Finger im Spiel hatte. Dennoch sollten Sie beachten, dass Salz ein Gestein ist und damit anorganisch, was bedeutet, dass es vom Körper nicht besonders gut aufgenommen wird. Ein Zuviel, auch an natürlichem Salz, ist nicht empfehlenswert. Aus diesem Grund ist es schlau, auf Fermentationen wie Shoyu und Ume Su zurückzugreifen, um Salz in organischer Form zu bekommen.

1 Wer sich über die Schädlichkeit von dem als Kochsalz angebotenen Natriumchlorid informieren möchte, dem lege ich das Buch von Barbara Hendel und Peter Ferreira »Wasser und Salz – Urquell des Lebens« ans Herz.

Fermentationen – eine vergessene Kunst

Wussten Sie, dass unser Sauerkraut gar nicht so deutsch ist, wie viele denken? Die Chinesen haben schon vor 6000 Jahren Sauerkraut mittels Milchsäurefermentation hergestellt. Den Kohl, den Rohstoff hierfür, gibt es in Mitteleuropa erst seit ca. 800 Jahren. Fermentation ist aus der Notwendigkeit entstanden, erntereifes Gemüse haltbar zu machen. So konnte es über längere Zeiträume konserviert werden, um in Zeiten, in denen die Natur weniger zur Verfügung stellt, eine willkommene Ergänzung des Speiseplans zu sein. Noch vor 100 Jahren war dieses Verfahren auch in Europa Standard. Die Menschen hatten die sogenannten Gärtöpfe in vielerlei Größen im Keller und machten darin Gemüse ein. Alles wurde eingelegt, um so für schlechte Zeiten vorzusorgen. Neben dem praktischen Aspekt der Haltbarmachung hatte dies den Vorteil, dass nebenbei eine hochgesunde, energetische Nahrung entstand. Milchsauer Fermentiertes wirkt in gewisser Weise auch auf diejenigen konservierend, die es essen. Es fördert die Vitalität und die Fähigkeit, mit Veränderungen von Klima und Wetter umzugehen. Wie Sie aus dem Kapitel »Säuren & Basen« wissen, hat das meiste Gemüse einen pH-Wert zwischen 4 und 5. Reines Natursalz hingegen hat 8,5 pH. Durch das Ansetzen des Gemüses mit Salz gehen beide eine wundervolle Verbindung ein, durch die der pH-Wert des Gemüses angehoben wird. Wie wichtig das für unsere Biochemie ist, habe ich bereits erwähnt. Die im Salz enthaltenen Mineralstoffe setzen einen Austauschprozess innerhalb der Zellen in Gang. Das wasserhaltige Gemüse

schrumpft dabei, obwohl es in Flüssigkeit schwimmt. Die Salze ziehen von außen über einen osmotischen Prozess Zellflüssigkeit ab. Gleichzeitig verringert sich der Salzgehalt in der Gärflüssigkeit. Durch einen Zellwanddiffusionsprozess wandert Salz ins Gemüse und macht dieses mineralstoffreicher, und dadurch steigt sein pH-Wert.

Heutzutage gibt es bei uns nur noch wenige Menschen, die selbst milchsaures Gemüse ansetzen. Bei den Japanern und Koreanern ist dieses Verfahren immer noch weit verbreitet. Die bekanntesten Produkte sind Miso, Shoyu, Umeboshi, eingelegter Ingwer und auch der koreanische Kimchi.

Bitterstoffe – die bittere Medizin

Den bitteren Geschmack mögen die meisten Menschen nicht besonders, und er kommt auf unserem Speiseplan so gut wie nicht mehr vor. Dennoch ist er ein wichtiger Bestandteil der 5-Elemente-Lehre. Das Bittere ist dem Element Metall zugeordnet, hat tendenziell eine kühlende Wirkung und zieht die Energie nach unten. Seine kraftvolle Wirkung macht sich vor allem

bemerkbar, wenn man zu viel geschlemmt hat – ein Bitterstoffgetränk sorgt hier wieder für ein gutes Gefühl im Bauch. Es stärkt die Verdauungssäfte und hilft bei Blähungen. Sie kennen sicher den etwas aus der Mode geratenen »Magenbitter«. Bitterstoffe sind ein effektives und bewährtes Mittel, die Leber zu reinigen und die Abwehrkräfte zu stärken. Vor allem aber zeichnen sie sich durch ihren hohen pH-Wert und ihre gute Wirkung auf unsere Säure-Basen-Bilanz aus. Dadurch helfen sie dem Körper bei der Ausscheidung von Giftstoffen, Wasseransammlungen und Verschleimungen. Darüber hinaus wirken sie wunderbar gegen Heißhunger auf Süßes. Radicchio, Chicorée und Rosenkohl enthalten Bitterstoffe. Noch intensiver und wirksamer sind Mariendistel, Wermut und Löwenzahn. Bitterstofftinkturen kann man sich selbst ansetzen oder einfach als Nahrungsergänzungspulver im Reformhaus besorgen.

Sauerstoff – der Stoff fürs Leben

Wie ein Motor brauchen unsere Zellen ständig Sauerstoff für die Verbrennung und Umwandlung von Nahrung in Energie. Fahren wir ans Meer oder in die Berge, genießen wir die gute Luft. Wir merken einfach, dass es uns guttut, wir werden ruhig und laden unsere Batterien auf. Das liegt zu einem guten Teil auch daran, dass dieser Sauerstoff mit negativen Ionen geladen, also basisch ist und wir daher mehr Säure (Kohlendioxid) abatmen können. Aber Sauerstoff kann auch mit positiven Ionen geladen sein, so, wie es in den städtischen und industriellen Ballungsgebieten zum Teil vorkommt. Wir sind dort müde und antriebslos, weil wir wenig Energie über die Atemluft bekommen.

Hinzu kommt, dass wir westliche Menschen verlernt haben, richtig zu atmen. Beobachtet man einen Hund oder eine Katze, sieht man, dass der Atemprozess immer mit dem Bauch stattfindet, auch Babys atmen noch in dieser Weise. Mit zunehmendem Alter verschiebt sich die Atmung immer mehr in den Brustbereich: Die Atmung geht nicht mehr in die Tiefe, bleibt flach, und es steht uns viel weniger Energie zur Verfügung, als wir eigentlich haben könnten. In vielen alten asiatischen Meditationslehren und in den verschiedenen Budo-Stilen liegt ein besonderes Augenmerk auf der Bauchatmung. Dort befindet sich das Hara, nach japanischem Verständnis der Sitz unserer Körpermitte und gleichzeitig des ganzen Universums. Westlich übersetzt kann man es mit unserem Immunsystem vergleichen, das im Darm sitzt. 90 % aller Nervenimpulse kommen über das Hara in unser Hirn, und das sogenannte Bauchgefühl hat hier seinen Ursprung. Durch die Bauchatmung werden unsere Bauchorgane massiert und stimuliert, und wir können, nach einiger Übung, in den Genuss von Ruhe und Stabilität kommen.

Die Sauerstoffzufuhr wird erhöht, und wir benötigen weniger Atemzüge. Das wiederum sorgt für ein ruhigeres Gemüt, was sich ebenfalls positiv auf unseren Basenhaushalt und unser Immunsystem auswirkt.

Bewusstheit – the mind behind

Während der westliche Mensch sich nach Feierabend noch im Fitnesscenter abrackert und am Wochenende einen Marathon läuft, wird in China früh morgens in großen Gruppen Tai Chi oder Qi Gong praktiziert. Die erste Variante zielt auf das Zerstreuen von Spannungsenergie ab, kombiniert mit dem Wunsch, gut auszusehen und stark zu sein. Das östliche Modell legt den Fokus auf den Ausgleich der Energien. Mit ihren fließenden und aufmerksamen Bewegungen zielen die asiatischen Übungen darauf, die Energien und den eigenen Geist zu kultivieren.

Emotionen, ob positiv oder negativ, wirken über biochemische Prozesse auf unseren Organismus. Der ständige berufliche oder private Leistungsdruck lässt chronischen Stress entstehen, der stark sauer ist. Einfach mal nichts tun und unproduktiv im Café oder Wald sitzen wirkt dem wunderbar entgegen.[2]

2 Im Buch »Der Biophilia-Effekt« von Clemens G. Avay wird beschrieben, wie der Aufenthalt im Wald nachweislich unseren Vagus aktiviert, den Nerv für Ruhe und Regeneration.

In Japan gibt es eine Tradition des »Waldbadens«, des Einatmens der Waldatmosphäre, das dort eine staatlich anerkannte und geförderte Methode der Vorbeugung von Krankheiten sowie zur Heilungsunterstützung ist.

Das Wichtigste und Wertvollste, was wir als Menschen in diesem Leben überhaupt tun können, ist, uns unserem Inneren zuzuwenden und die Schätze zu entdecken, die dort auf uns warten. Sei es nun in der Meditation oder durch irgendeine andere Art, wie Sie sich selbst näherkommen können – tun Sie es täglich und spielerisch, es wird Ihr Leben dauerhaft verändern.

5 Elemente

Das Tao bringt das Eine hervor.
Das Eine gebiert Yin und Yang.
Yin und Yang erschaffen alle Dinge.
Das ist die Wahrheit.
Vergiss sie.

(Lao Tse)

Unsere Zellen sind auf ein Millionen Jahre altes Ernährungsprogramm eingestellt, und dieses Programm heißt: 5 Elemente. Die 5-Elemente-Lehre wurde von Menschen entwickelt, die über lange Zeit die Natur und deren Zyklen beobachteten. Zuallererst bemerkten sie Yin und Yang, Wasser und Feuer, das Absteigende und das Aufsteigende, Winter und Sommer. Da sich aber zwischen diesen Extremen auch noch andere Energien zeigen wie Frühling, Spätsommer und Herbst, kamen noch drei weitere Elemente hinzu: Holz, Erde und Metall. Zusammen mit Feuer und Wasser ergeben sie die fünf Elemente, die sich gegenseitig ernähren und auch kontrollieren. Die Mitte (Erde) steht für den Menschen. Ist dieser in Balance, wird der 5-Elemente-Zyklus dargestellt wie unten zu sehen.

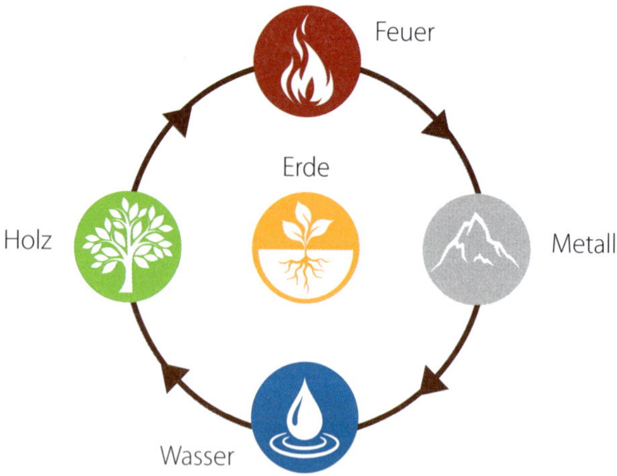

Die gängige Darstellung zeigt den Menschen, der aus seiner Mitte herausgefallen ist, denn das Erd-Element, das für den Menschen steht, liegt mit den anderen Elementen außen. Doch mittels einer ausgeglichenen Elemente-Ernährung kann er wieder in die Balance zurückfinden. Liest man 5-Elemente-Bücher, so wird eines oft relativ schnell deutlich: Das scheint ganz schön kompliziert zu sein. Welches Gewürz ist denn jetzt welchem Element zuzuordnen? Wer will schon ständig auf die mitgelieferten Tabellen schauen und dann noch die Zutaten in der richtigen Reihenfolge in den Topf geben? Die Auffassung, die ich von Jörg

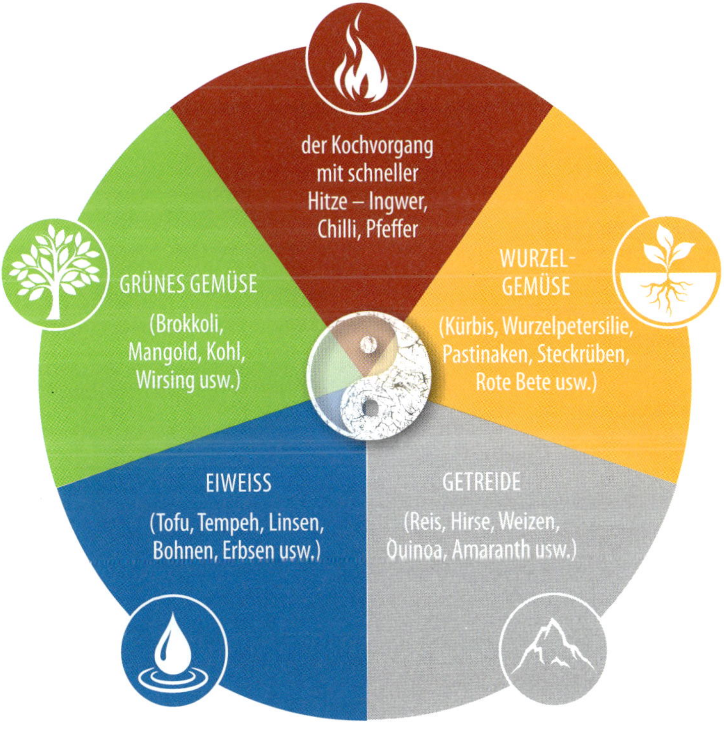

Krebber gelernt habe, ist leicht zu verstehen und daher auch alltagstauglich. Es ist nicht notwendig, bei zu jeder Mahlzeit alle 5 Elemente zusammen auf dem Teller zu haben. Es reicht aus, wenn Sie über den Tag verteilt von allen einmal gegessen haben.

Kaum zu glauben, aber viele Menschen sind der festen Überzeugung, dass ihre Ernährung keinerlei Einfluss auf ihre Emotionen hat. Man bedenke nur, was passiert, wenn man diverse Arten von Alkohol trinkt, z. B. Sekt oder Whiskey: Völlig unterschiedliche Emotionen werden aktiviert. Ein Stück Fleisch hat sicherlich ebenso eine andere emotionale Wirkung als ein Joghurt oder eine Banane.

In der asiatischen 5-Elemente-Lehre ist das Wissen um die verschiedenen Energiequalitäten der Lebensmittel und die Auswirkungen auf unsere Organe fest verwurzelt. Die Organe stehen wiederum in Verbindung mit bestimmten Emotionen. In unserem Sprachgebrauch kommt dies zum Ausdruck in Aussprüchen wie: Mir ist eine Laus über die Leber gelaufen; das ging mir an die Nieren.

Gemeint ist in diesem Fall die Wut, die mit der Leber in Verbindung steht, bei den Nieren die Angst oder ein Schock. Für jedes Organpaar stehen natürlich ebenso positive Aspekte. Neben den Emotionen stehen mit den Organen auch verschiedene Geschmacksrichtungen sowie Farben in Verbindung.

Es gibt also fünf verschiedene Organpaare mit ihnen zugeordneten Geschmäcken. Normalerweise bedienen wir uns aber nur 2 bis 3 von diesen, nämlich salzig, süß und manchmal sauer oder scharf. Bitter kommt so gut wie nicht mehr vor, denn dieser Geschmack ist den meisten Menschen unangenehm und wird daher vermieden. Zudem wurde er in den ursprünglich sehr bitteren Rettichen und bitteren Salaten über Jahrzehnte hinweg herausgezüchtet. Populäre Geschmäcke werden hingegen kultiviert, wie z. B. beim Obst, das vor 20–30 Jahren bei Weitem nicht so süß war, wie es heute ist.

Im Alltag bedeutet das, dass es uns meistens zwischen salzig beim Metzger und süß beim Bäcker hin- und herzieht. Aus dem natürlichen Bedürfnis ist geradezu eine Sucht nach Salzigem und Süßem geworden. Auf die Organe bezogen betrifft dies die Nieren und die Bauchspeicheldrüse.

Holz

Leber – saurer Geschmack
Frühling – das Aktivierende
Erleben – Ja – Entscheidungen treffen – Kreativität
Wut – Mut

Die Leber steuert mittels Kontraktion das Blutvolumen in den Gefäßen und sorgt so für einen optimalen Energiefluss in unserem System. Mittels Enzymen sorgt sie für Bewegung in den Zellen. Je besser die Leber in Form ist und arbeiten kann, desto mehr kann sich das Herz entspannen.

In Deutschland leben wir allerdings oft mit einer blockierten Leberenergie, was an den vielen Regeln und Gesetzen (Metall) liegt. Da das Metall das Holz kontrolliert, werden dadurch auch der freie Energiefluss und die Kreativität blockiert. Kollektive Entspannungsrituale wie Fußball- und Formel-1-Events bieten dem Holz-Element kurzfristig Gelegenheit, angehäuften Druck abzubauen. Der Geist der Leber ist das Animalische in uns, das Triebhafte, der Selbsterhaltungstrieb.

Dauerhaft muss man sich jedoch mit dem eigenen Holz auseinandersetzen, also den Emotionen Wut und Mut. Diese bieten

die Entscheidungsmöglichkeit (Galle) der Selbstverantwortung. Gebe ich der Außenwelt, dem Partner, dem Chef, dem Schicksal, den Genen oder dem Karma die Verantwortung für meine Situation, manövriere ich mich in eine unbewusste Opferhaltung und fördere die Wut. Nehme ich die Situation an, wie sie ist, und erkenne die Möglichkeit, die in ihr liegt, fördere ich den Mut. In den Nahrungsmitteln des Holzelements finden wir viele Vitamine, Enzyme und das für unser Blut so wichtige Chlorophyll.

Nahrungsmittel:

Grünes Gemüse wie Brokkoli, Rosenkohl, Spinat usw.

Salate, Kräuter, Öle, Fermentationen wie Sauerkraut, Miso und Ume Su

Feuer

Herz – Dünndarm – scharfer Geschmack
Sommer – der Geist
Aktivität – Transformation
Freude – Ausgelassenheit – Hass

Das Herz beherbergt den Geist (Yang). Bei diesem Element geht es weniger um einzelne Lebensmittel als vielmehr um den Transformationsprozess durch Hitze. Der Wok, der in weiten Teilen Ostasiens mittags zum Einsatz kommt, steht symbolisch für die schnelle Hitze, die Umwandlung eines Stoffes in etwas anderes. Nahrung wird durch das Garen leichter aufnehmbar, und unser Körper muss den Erhitzungsvorgang nicht selbst übernehmen, was wiederum Energie erfordern würde. Die Schärfe des Feuers wärmt den Körper, es verteilt das Chi und löst Stagnationen. Das ist auch der Grund, warum Alkohol (Feuerwasser) bei vielen Menschen so beliebt ist und zur übermäßigen Zerstreuung von Energiestagnationen missbraucht wird. Im Feuer lebt der Geist der Transformation, es ist das Element, das alles verwandelt. Auf feinstofflicher Ebene entspricht das Feuerelement dem Geist, der durch seine Aufmerksamkeit (Yang) Dinge verwandelt. Ob bewusst oder unbewusst, wir transformieren die Dinge unserer

Betrachtung allein schon durch unsere Aufmerksamkeit. Wer hat es noch nicht erlebt, dass er nach dem Lesen eines Buches Dinge komplett anders betrachtete, las er das Buch nach 1–2 Jahren erneut, stellte er fest, dass er den Inhalt teilweise oder gar komplett anders wahrnahm oder interpretierte?

Man hat festgestellt, dass Heilung sehr stark damit zusammenhängt, ob und wie stark der Patient an die Wirkung eines Medikaments oder auch an die Macht des behandelnden Arztes glaubt. Versuche aus der Quantenphysik zeigen deutlich, dass Ergebnisse immer von dem Bewusstsein des Betrachters abhängen, der Beobachtende sozusagen seine eigene subjektive Welt erzeugt und dass sich deshalb auch die Resultate voneinander unterscheiden. Immer spielt die geistige Verfassung bzw. Einstellung eine wesentliche Rolle. Übertragen wir das auf unsere tägliche Nahrung, können wir davon ausgehen, dass eine mit schlechtem Gewissen verzehrte Fast-Food-Mahlzeit uns mehr schadet, als wenn wir diese einfach mit Genuss und Freude essen würden. Freilich hat dieses Essen biologisch betrachtet in beiden Fällen keinen großen Nutzen, aber der Geist kreiert die Wirklichkeit. Kaufen wir hingegen ausschließlich gesunde Biolebensmittel und kochen daraus Gerichte, die uns nur leidlich schmecken, weil wir denken, dass wir das nun mal tun müssen, da es ja gesund ist, so ist dies ebenfalls nicht die Lösung. Essen ist Genuss und Lust. Zumindest sollte es das sein, und zwar in der Form, dass es uns nährt und regeneriert.

Nahrungsmittel:
feurige Gewürze wie Ingwer, Pfeffer, Peperoni und Curry
Rotwein und Hochprozentiges

Wenn Sie sich schon mit der 5-Elemente-Lehre beschäftigt haben, wundern Sie sich vielleicht, denn meist wird der scharfe Geschmack dem Metall und der bittere dem Feuer zugeordnet. Fühlen Sie mal selbst rein! Metall ist kühl und hat eine senkende Energie – genau wie Bitterstoffe. Feuer hingegen geht nach oben und belebt. Dass Scharfes brennt, wird Ihnen sicherlich auch einleuchten.

Erde

Milz – Magen – Pankreas – süßer Geschmack
Spätsommer – die Reife
die Mitte – Balance
Zufriedenheit – Unzufriedenheit – Ruhe – Grübeln

Süß ist der Geschmack der Erde, wirkt entspannend und harmonisierend und korrespondiert mit den Organen der Mitte: Milz, Magen und Pankreas. Der Geist der Milz entspricht am ehesten dem Bild eines Buchhalters, er sitzt in unserer Mitte und kümmert sich verantwortungsvoll um alle Belange des Körpers. Er schaut, dass es allen Organen gut geht, besorgt, verwaltet und verteilt Blut und Energie. Nur, wenn die Mitte stark ist, können auch alle anderen Organe gut arbeiten.

Die Emotion der Milz ist das Grübeln, sie ist zuständig für das Denken. Sind unsere Milz und Bauchspeicheldrüse überlastet durch zu viel Süßes, wird unser Denken neblig, und wir verlieren die Klarheit. Raffinierter Zucker, das heißt Zucker ohne Mineralstoffe, wird heute in Unmengen konsumiert und verbraucht bei seinem Verzehr dementsprechend viele körpereigene Basen. Die Bauchspeicheldrüse, unsere körpereigene Chemiefabrik, arbei-

tet auf Hochtouren, um mit der Produktion von Insulin den chemisch sauren Zucker abzupuffern. Dem durch einen wahnhaften Konsum von Obst, Süßigkeiten und Brot hervorgerufenen hohen Blutzucker wird auf diese Weise entgegengewirkt. Weißer Zucker ist, oft getarnt durch verschiedene Begriffe, in den allermeisten Konserven, Fertigprodukten, Backwaren und was da sonst noch im Supermarktregal steht in großen Mengen enthalten. Er dient als Geschmacksverstärker und hat darüber hinaus ein starkes Suchtpotenzial. Würde unsere Gesellschaft von einem auf den anderen Tag ohne Zucker auskommen müssen, der Staat hätte ein gewaltiges Problem mit Millionen von freilaufenden Zuckerjunkies auf Entzug.

Durch den ständigen Verzehr von Süßem läuft unsere Bauchspeicheldrüse auf Hochtouren – und bald nur noch auf halber Kraft. Diese Kraft fehlt den allermeisten Menschen schon lange, und deshalb kommt die Kaffeepeitsche täglich mehrmals zum Einsatz. Eine Arbeitswelt ohne Kaffeemaschinen ist überhaupt nicht vorstellbar. Kaffee ist das beliebteste Getränk in Deutschland mit dem höchsten Pro-Kopf-Verbrauch – kein Wunder, wenn schon Heranwachsende den Coffee to go auf dem Weg zur Schule als Frühstück betrachten. Kaffee ist ein wunderbares Genussmittel, sollte aber nicht dafür herhalten, chronische Energielöcher zu stopfen.

Ist die Bauchspeicheldrüse derart überlastet, brennt sie irgendwann aus, und es kommt zum Burn-out. Der Weg zurück führt über anderes Brennholz ohne Strohfeuereffekt: Langsam brennendes, süßes Wurzelgemüse sowie gekochtes Getreide sind angesagt.

Nahrungsmittel:
Wurzelgemüse wie Karotten, Kürbis, Petersilienwurzel, Pastinake, Zwiebeln, Sellerie

Metall

Lunge – Dickdarm – Immunsystem – bitterer Geschmack
Herbst – das Zurückführen
Nein – Abgrenzen – Loslassen – Zentriertsein – Innehalten
Trauer

Der bittere Geschmack ist thermisch kühl und bewirkt eine Abwärtsbewegung (Yin). Er ist energetisch der Lunge und dem Dickdarm zugehörig, die beide die Energie nach unten leiten. Bitter kann sehr gut Hitzezuständen (auch psychischer Hitze wie Gereiztheit/Ungeduld/Wut) entgegenwirken. Bei uns im Westen werden daher Kaffee und Rauchen, die ebenfalls bitter sind, gern kompensatorisch eingesetzt, um aufgeheizte Situationen zu entspannen. Nachteilig ist, dass dadurch Körpersäfte (Yin) als »Kühlwasser« verbraucht werden, was wiederum Hitzezustände fördert. Schlauerweise greift man also besser zu bitteren Tees wie Wermut oder Bitterstoffmischungen oder füllt ausgleichend Wasser nach.

Die Lunge produziert mit der Atmung das Abwehr-Chi. Ist unsere Lungenenergie stark, können wir uns von Menschen und Situationen auf gesunde Weise abgrenzen. Nein sagen zu können zu Dingen, die uns nicht guttun, ist ein Ja zu uns selbst und

damit auch gleichzeitig die interne Erlaubnis an unser Immunsystem, Erreger und Keime zu bekämpfen. Vermeiden wir eine gesunde Abgrenzung, werden wir zum Sammelbecken für uns unbrauchbarer Stoffe, die sich im Darm, dem Partnerorgan der Lunge, ablagern. Dort sorgen sie für ein ungünstiges Klima und schwächen unsere Immunkraft. Es lohnt sich daher, hin und wieder eine Darmreinigung durchzuführen und den Abfall aus dem Haus zu werfen. Die Wirkung solch einer Reinigung zeigt sich auch bald als Zuwachs an Energie und verstärkte Abwehrkraft.

Nahrungsmittel:

Getreide: Ur-Weizen (Kamut, Dinkel, Einkorn, Emmer), Hirse und Reis

Wasser

Niere – Blase – das geheimnisvolle Dunkle –
der Schatzmeister – salziger Geschmack
Winter – das Festhalten
Festigkeit – Weisheit – Passivität – Wurzel –
Sexualität – Partnerschaft
Angst – Vertrauen

Das tiefste Yin wohnt im Wasser – dem geheimnisvollsten Element im 5-Elemente-Zyklus. Bei den meisten Menschen sind heutzutage die Nieren schwach aufgrund des hohen Konsums von billigem und degeneriertem Tafelsalz, Eiweißmast und Stress. Die Niere ist der Bewahrer, filtert und siebt Unnützes aus und hält bei sich, was wir zum Leben brauchen. In der westlichen Betrachtungsweise ist die Niere mit der Ausscheidungsfunktion verbunden. In der taoistischen Tradition ist sie aber viel mehr. Sie filtert nicht nur aus, sondern will auch alles Wichtige und Wertvolle bewahren – vor allem Mineralien. Deshalb wird sie in der 5-Elemente-Lehre der Schatzmeister genannt. Sie nährt die Knochen, produziert das Rückenmark und füllt das Gehirn auf. Eine Pflanze, die über ihre Wurzeln gut mit der Erde, dem Mineralreich, verbunden ist, kann sich entspannen, weil sie ihrer Basis

vertrauen kann. Wer keine gute Verwurzelung über die Nieren hat, lebt in ständiger Angst vor dem Leben. Überall scheinen Gefahren zu lauern, und der Wunsch nach Absicherung wächst. Man versucht, Sicherheit über Äußerlichkeiten, meist Geld und scheinbare Wertgegenstände (beides Yin), zu bekommen. Je weniger der Mensch mit seinen energetischen Wurzeln in Kontakt ist, desto mehr verlagert sich sein Fokus auf die Außenwelt. Doch mehr oder weniger unbewusst merkt jeder Mensch, dass ihm das keine wahre Stabilität verleihen kann, und die nagende Angst bleibt im Hintergrund stets lebendig.

Angst ist die Emotion der Niere. Weisheit ist ihr ebenfalls zugehörig, sie entsteht aus dem inneren Wissen, dass wir nicht getrennt sind von der Erde, den anderen Menschen, den spirituellen Gesetzmäßigkeiten. Fühlen wir diese Verbundenheit, können wir darauf vertrauen, dass nach einer dunklen Nacht auch wieder ein heller Tag kommen wird. Darauf, dass wir ein unserer Resonanz entsprechendes Echo erwarten dürfen.

Der Geist der Niere ist unsere Willenskraft und beschützt unsere Erbsubstanz, die Urenergie, die wir von unseren Ahnen erhalten haben. Exzessiver Umgang von Männern mit der Sexualkraft schwächt auf Dauer ganz massiv dieses Nieren-Chi – Mann wird willenlos.
Achten Sie mal auf Politiker und Manager in einflussreichen Positionen. In den allermeisten Fällen werden Sie große Ohren und Ohrläppchen erkennen, die ein Zeichen für starkes Nieren-Chi und damit Willenskraft sind, ein absolutes Muss, um in diesen Berufen erfolgreich sein zu können.

Nahrungsmittel:
Salz, Eiweiß wie Tofu, Tempeh, Hülsenfrüchte

Wir essen Informationen

Wir sind nicht isoliert. Ständig und in rasender Geschwindigkeit kommunizieren unsere Billionen Körperzellen untereinander und mit unserer Außenwelt. Unser Immunsystem ist ein Sinnesorgan – es nimmt wahr, handelt und tauscht Informationen aus. Es ist der Schlüssel zu unserer Vitalität und Gesundheit. Ist unser Darm sauber und von den richtigen Bakterienkulturen bevölkert, dann sind wir auch in Ordnung. Durch die stark gefaltete Darmschleimhaut und die Darmzotten bringt es unser Darm auf die beachtliche Fläche von ca. 400 m^2. Diese ist der Ackerboden für unser Immunsystem und gleichzeitig die größte Fläche, mit der wir in Kontakt mit unserer Umwelt stehen. 500 verschiede Bakterienarten und 10–100 Milliarden Keime pro Gramm Darminhalt: Hier finden sie statt, die großen Schlachten um Mittelerde. Mit jeder Mahlzeit erschaffen Sie das chemische Bühnenbild, in dem sich die eine oder andere Bakterienkultur etabliert. Ob barbarische Horden oder kraftvolle, vitale Immunsamurais, die Ihr System erfolgreich verteidigen – der pH-Wert und die Qualität Ihrer täglichen Mahlzeiten entscheiden darüber, welche Bakterienkultur Sie heranzüchten. Also: Raus aus der Degenerationsschleife, hinein in die Regeneration!

Eine ganzheitliche Ernährung berücksichtigt durch die Auswahl der Zutaten die Versorgung aller Körperorgane gleichzeitig, abwechslungsreiche Mischungen vielseitiger Gewürze machen die Speisen nicht nur schmackhaft, sondern unterstützen Ihre Abwehrkräfte und stärken das Immunsystem, und nach dem Essen stellen sich kein Völlegefühl und keine Müdigkeit mehr ein, denn diese Ernährungsweise füllt nicht, sondern nährt und gibt neue Energie. Wir können mehr essen und nehmen trotzdem nicht zu, sondern erreichen unser Idealgewicht.

Willkommen zu Hause – die Heilung der Mitte

Natürlich kann man sich nicht durch die Ernährung in einen Zustand der Erleuchtung oder in ein göttliches Paradies hineinessen. Aber sie ist der Schnittpunkt von Materiellem und Feinstofflichem – Essen hält Leib und Seele zusammen, wie der Volksmund sagt. Nahrung verändert Sie und Ihre Wahrnehmung. Du bist, was du isst. Jede Mahlzeit ist der Rohstoff, aus dem die Körperzellen Ihren Körper von morgen bauen. Somit entscheiden Sie eben auch mit jedem Essen, wohin Ihre Reise geht. Das ist Ihre Eigenverantwortung – kein böses Schicksal, keine Genetik, kein Onkel Doktor, dem wir die Schuld oder Verantwortung für Krankheiten in die Schuhe schieben könnten. Das bedeutet nicht, dass unsere Gene keine Bedeutung für unsere körperliche Gesundheit hätten. Aber sie sind nicht fix, auch Gene lassen sich verändern – mittels Nahrung und Bewusstsein.

Sicherlich haben Sie auch schon von der »China Study« gehört, die mit dem größten Feldversuch der Welt mit Tausenden Probanden über Jahre hinweg unzweideutig belegt, welchen Einfluss die Ernährung auf Gesundheit oder Krankheit hat. Wenn Menschen besonders alt werden und dabei gesund bleiben, also vital und lebendig sind, ist dies ebenso ein Indikator dafür, dass irgendetwas in der Küche richtig gemacht wurde. Dies ist besonders auf Okinawa, Japan, oder bei den pakistanischen Hunzas der Fall. Muss die Ernährung also am besten asiatisch sein, fragen sich daher viele. Es ist keine Frage des Erdteils, sondern des Verständnisses des universellen Prinzips, das in allen Menschen wirkt: Yin und Yang. Einzig das Wissen darum ist wichtig, nur leider sehr selten in freier Wildbahn anzutreffen. In Asien findet man es noch eher als in anderen Regionen der Welt – aber auch dort mit abnehmender Tendenz.

Drei alte Bekannte

Wenn sich Menschen im Westen über Ernährung unterhalten, kommen immer wieder die folgenden Themen auf den Tisch: Kohlenhydrate, Eiweiße und Fette. Diese drei umgibt ein ganzes Arsenal von Glaubenssätzen, Verwirrung und Ängsten, doch ohne sie läuft nichts.

Kohlenhydrate

Immer häufiger höre ich von Menschen, dass sie ab sofort keine Kohlenhydrate mehr essen wollen. Diese würden dick machen und seien von Haus aus schlecht. Ein skurriler Glaubenssatz. Vom Schokoriegel bis zum Blumenkohl besteht das meiste hauptsächlich aus Kohlenhydraten. Wir bekommen unsere Energie aus Kohlenhydraten, und 70 % unseres Tagesbedarfs sollten daraus bestehen. Energetisch betrachtet ist es eine Frage der Brenngeschwindigkeit: Wie lange liefert dieses Kohlenhydrat Energie, und in welcher Geschwindigkeit verbrennt es in unserem inneren Kochtopf? »Low Carb« ist angesagt, wenn wir über einen längeren Zeitraum Energie bekommen wollen, denn dann verbrennen die Kohlenhydrate langsam und liefern auch langfristig Energie. Essen wir hingegen weißen Zucker oder Fructose, die rasant verbrennen und eher eine Stichflamme in unserem Verdauungsfeuer bewirken, so bekommen wir schnell Energie zur Verfügung gestellt, die aber auch rasch wieder aufgebraucht ist. Es geht hierbei wieder mal nicht um eine Wertung im Sinne von gut oder schlecht, sondern um Balance.

Es ist vollkommen in Ordnung, ab und zu Früchte zu essen, die gerade reif sind und aus der Region stammen. Dauerhaft und in größeren Mengen Obst zu essen – und vielleicht noch Südfrüchte im Winter –, ist nicht empfehlenswert. Sie geben über Ihren inneren Kochtopf die Wärmeenergie in die thermisch kalten Früchte und darüber hinaus auch noch den fehlenden pH-Wert. Das führt auf Dauer zu einer Dysbalance und erschöpft Ihre Bauchspeicheldrüse. Wenn Sie Lust auf Süßes bekommen, probieren Sie es mal mit Reissirup, Dinkelsirup oder Reismalz. Diese Produkte sind sehr süß und verbrennen wunderbar langsam.

Verwenden Sie im Alltag langsam verbrennende Kohlenhydrate wie Vollreis, Hirse und Buchweizen, Kamut- oder Dinkelnudeln. Die meisten Gemüsesorten verbrennen ebenfalls relativ langsam (siehe auch Basentabelle auf Seite 33).

Eiweiße

Eiweiße können im Körper nur in geringen Mengen gespeichert werden und müssen daher täglich in einem gewissen Umfang über das Essen zugeführt werden. Sie bestehen aus Aminosäuren und bilden die Grundbausteine unserer Zellen, die sich, wenn sie Eiweiße erhalten, reparieren und neu bilden können. Doch der Eiweißkonsum in den westlichen Ländern, aber auch in den aufstrebenden »neuen« Industrienationen wie China, nimmt ungeahnte Dimensionen an – vor allem der Fleischverzehr. Für viele gibt's heute täglich einen Sonntagsbraten. Das Wort »Sonntagsbraten« beinhaltet eine einfache Wahrheit: Fleisch wurde noch vor wenigen Generationen nur einmal in der Woche verzehrt, und seine Qualität war um Welten besser, als das heute der Fall ist.

Traditionell ist die 5-Elemente-Küche nicht vegan ausgerichtet. Es wurde und wird auch mit Fleisch und Fisch gekocht. Allerdings lässt sich die Qualität der tierischen Eiweiße von dem, was wir heute kaufen können, in keiner Weise vergleichen mit denen, die verfügbar waren, als diese Rezepte kreiert wurden. Vor 5000 Jahren gab es noch keine Antibiotika, und das Vieh kaute genüsslich frisches und artenreiches Grünzeug auf der Weide. Heute bekommt es Kraftfutter, und Landausflüge sind selten. Die Mineralstoffe in den Böden sind gering, und die Qualität der Futtermittel ist oftmals fragwürdig. Stress durch Massentierhaltung und industrielle Schlachtung kommen noch obendrauf. Angesichts all dieser Aspekte ist es ratsam, Fleisch so gut es geht durch pflanzliche Eiweiße zu ersetzen.

Ein weiterer Fakt ist: Fleisch enthält lediglich 10 % für den Körper verwertbares Eiweiß und 90 % Transportmasse. Bei Hülsenfrüchten sind es 30 % verfügbares Eiweiß und 70 % langsame Kohlenhydrate. Ein weitaus besseres Geschäft für unseren Organismus. Darüber hinaus ist der pH-Wert von Hülsenfrüchten um einiges höher als der von tierischen Produkten.

Am besten essen Sie mittags schon eiweißhaltig, ansonsten wird Sie Ihr Körper dazu zwingen durch Heißhunger auf Käse oder Süßes. Aber der Eiweißhunger Ihrer Zellen lässt sich nicht mit Kuchen oder Schokoriegeln stillen. Wenn Sie dies versuchen, werden Sie essen und essen, nicht satt werden und immer rundere Formen annehmen. Sie haben die Wahl, welches Eiweiß Sie täglich zu sich nehmen. Dessen Qualität entscheidet über die Beschaffenheit Ihres Körpers von morgen.

Fette

Eine der ganz großen Phobien unserer Gesellschaft gilt dem Fett. Diese Ängste sind durchaus berechtigt, wenn es um die industriell verarbeiteten und kaputt erhitzten Öle geht. Diese sind ebenso weit verbreitet wie das degenerierte Tafelsalz, und deren Verzehr ist genauso bedenklich. Was können Sie von einem Speiseöl erwarten, das Sie so schön günstig für 1,50 Euro in der 1-Liter-Plastikflasche gekauft haben? Im Allgemeinen spricht man hier von transgenen Fetten oder kurz Transfetten. Diese werden von unseren Zellen nicht nur nicht aufgenommen, sie machen diese sogar unbrauchbar. Und somit werden auf Dauer immer mehr Zellen inaktiv, und Sie werden müder und antriebslos und irgendwie so … schlapp. Die Liste der Erkrankungen, die Transfette verursachen können, ist ziemlich lang. Man kann sagen, dass sie fast zu jeder Zivilisationskrankheit ihren Beitrag leisten. Inzwischen sind in einigen Ländern Transfettsäuren verboten oder dürfen nur in sehr geringen Mengen in Umlauf gebracht werden. Deutschland gehört nicht dazu.

Ganz anders sieht es aus, wenn wir von naturbelassenen Ölen in bester Qualität sprechen. Diese Öle sind lebensnotwendig und werden für viele wichtige Aufgaben im Körper benötigt. Einige Vitamine werden durch Fette erst bioverfügbar, ebenso wie pflanzliche Proteine etwa aus Tofu, Tempeh und Hülsenfrüchten erst durch die Kombination mit der richtigen Menge an guten Fetten vom Körper aufgenommen werden können. Unser Fettgewebe ist unser größtes endokrines Organ und maßgeblich an der Wärmeregulierung des Körpers beteiligt. Unser Körper braucht alle Omega-3-, -6- und -9-Fettsäuren. Infolge der landläufigen Essgewohnheiten haben die meisten Menschen jedoch viel zu viel Omega-6 (z.B. aus Raps- und Sonnenblumenöl) und zu wenig Omega-3 auf dem Teller. Holen Sie sich Lein-, Hanf- und Walnussöl nach Hause, und bringen Sie Balance in Ihren Fetthaushalt. Machen Sie einen Ölwechsel!

Tatort Küche

Die Zeit, die du dir nicht für deine Gesundheit nimmst, nimmt sich die Krankheit!

(Chinesische Weisheit)

In unserer eigenen Küche können wir uns unsere Zaubernahrung herstellen. Klar, dafür müssen wir ein wenig Zeit investieren, aber im Ernst: Wie viel Zeit verschwenden wir mit weitaus unwichtigeren Dingen? Wenn Sie erkannt haben, was Nahrung kann und wie es Ihr Aussehen, Ihre Stimmung und Ihre Gesundheit beeinflusst, haben Sie auch die richtige Motivation. Gerade auch, wenn Sie allein leben und keinen Grund haben, für jemanden zu kochen, übernehmen Sie die Eigenverantwortung, und kochen Sie für sich selbst. Seien Sie es sich selbst wert, kaufen Sie richtige Bioprodukte, und investieren Sie etwas mehr in Ihre

Ernährung. Ihr Körper wird es Ihnen danken und Ihnen die Kraft liefern, auch durch schwierige Phasen Ihres Lebens besser hindurchzugehen. Kochen ist aktive Selbstliebe. Zusammen mit der richtigen Geistespflege ist es die beste Gesundheitsvorsorge, die Sie betreiben können. Hat man erst mal angefangen, sich regelmäßigen selbst zu bekochen, stellt man auch deutlicher die energetischen Unterschiede fest, wenn man auswärts oder »normal« gegessen hat. Dann wird einem auch spätestens klar, dass es sich hier nicht um eine Diät handelt, sondern um echtes Wissen, das man im eigenen Zuhause anwendet.

Ich bin der Meinung, dass es sich lohnt, die Küche mit ein paar einfachen Dingen auszustatten – als würden Sie eine kleine Werkstatt einrichten. Machen Sie es sich so einfach wie möglich. Effektivität ist kein Verbrechen!

Kaufen Sie einen Reiskocher.

Dieses Gerät gibt's im Asialaden. Reis waschen, in der Kocher geben, entsprechende Wassermenge und etwas Ume Su dazu, starten. Das Schöne daran ist, dass der Kochvorgang automatisch aufhört, wenn das Wasser alle ist. Somit ist auch die Gefahr gebannt, dass der Reis anbrennt.

Praktischerweise können Sie im Reiskocher auch Tee oder Suppen warm machen, Gemüse dämpfen und natürlich auch anderes Getreide als Reis kochen. Da wir in der 5-Elemente-Küche jeden Tag etwas Getreide essen sollten, lohnt sich die Anschaffung auf jeden Fall. Reis und Hirse lassen sich über viele Jahre lagern, deshalb können Sie auch ruhig mal ein paar Kilo einkaufen.

Legen Sie sich einen Eiweißvorrat an.

Wie bereits erwähnt, ist es von großer Wichtigkeit, dass Sie auf Ihren täglichen Eiweißbedarf achten. Decken Sie diesen nicht, fordert Ihr Körper das Eiweiß ein, und Sie landen schnell bei weniger gutem Essen. Aus diesem Grund legen Sie sich am besten einen kleinen Vorrat an Tofu, Tempeh, Seitan oder Lupinenbratlingen in den Kühlschrank, auch Sojaschnetzel erfüllen den Zweck und lassen sich trocken über Jahre lagern. Darüber hinaus sollten Sie eine Auswahl an Linsen, Erbsen, Bohnen usw. im Vorratsschrank haben. Greifen Sie ruhig auch mal zu Würsten oder Burgern veganer Art, Hauptsache, Sie haben etwas im Haus. Ansonsten gewinnen Käse oder Schokolade massiv an Einfluss.

Verwenden Sie Fermentationen.

Viele fermentierte Lebensmittel sind ebenfalls lange haltbar wie z.B. Miso und Ume-Paste. Diese braucht man in der energetisch kultivierten Küche ziemlich oft, und sie sollten daher stets verfügbar sein. Ich bin dazu übergangen, mein Gemüse selbst im Gärtopf zur Fermentation anzusetzen. Somit habe ich mein eigenes milchsaures Gemüse immer griffbereit.

Filtern Sie Ihr Wasser.

Ein weiteres wesentliches Element, auf das es sich lohnt, einen genaueren Blick zu werfen, ist unser Wasser. Gutes, sauberes und reines Trinkwasser ist weltweit eine Mangelware. Nur wenige der Schadstoffe und Chemikalien, die sich im Wasser der kommunalen Wasserversorgung befinden, wurden bisher auf ihre Gesundheits- und Umweltrelevanz untersucht oder einer ökotoxikologischen Bewertung unterzogen. Täglich fließen über 100 000 verschiedene Chemikalien in das Grundwasser, und es ist trotz aufwendiger chemischer Aufbereitung unmöglich, alle Verunreinigungen wieder aus dem Wasser zu entfernen.

Viele Deutsche denken, dass unser Land Umweltweltmeister sei. Diese Vorstellung ist falsch, sowohl in Bezug auf erneuerbare Energien und Biolandwirtschaft als auch auf die Wasserqualität. Eine UNESCO-Studie vom März 2003[3] hat ergeben, dass Deutschland, bezogen auf die Wasserqualität, weltweit auf Platz 57 liegt. Länder wie Jamaika, Mali oder Iran haben saubereres

3 www.flensburg-online.de/wasser/wasserqualitaet-unesco-bericht.html

Trinkwasser als Deutschland. Dies liegt vor allem daran, dass in Industriestaaten wie Deutschland neben der Industrie auch die Landwirtschaft das Trinkwasser mit Herbiziden, Pestiziden und Fungiziden belastet. Die Liste der Stoffe, die unserem Körper und seinen Organen wie Leber und Nieren massiv zusetzen, ist lang: Blei, Chlor, Fluor, Uran, Nitrat, Quecksilber, Kupfer, Halogene usw. Diese in minimalen Mengen, aber permanent eingenommenen Stoffe machen sich zum Teil erst nach Jahren gesundheitlich bemerkbar. Ich empfehle Ihnen daher, Ihr Leitungswasser zu filtern. Sie benutzen es täglich, um hochwertiges Essen zu kochen, Tee und Kaffee damit zuzubereiten oder direkt als Trinkwasser. Prävention ist immer günstiger, als Krankheiten zu heilen.[4]

Säubern und erweitern Sie Ihr Ölsortiment.

Öle sind essenziell. Aller Sparmaßnahmen und »Da ist doch noch was drin«-Argumenten zum Trotz: Trennen Sie sich von den Altölvorräten in Ihrer Küche! Ich meine es wirklich gut mit Ihnen. Das meiste Zeug ist Sondermüll und gehört nicht in den Körper. Es ist einfach wunderbar, wenn Sie auf ein prächtiges Ölsortiment von sauberen, seriösen Bioölen zugreifen können. Denken Sie daran: Olivenöl nicht allzu hoch erhitzen, benutzen Sie besser Sesam-

4 Nachdem ich mich lange über die vielen verschiedenen Filtertechnologien informiert habe, bin ich bei einem Produkt gelandet, von dem ich wirklich überzeugt bin und das ich seit Jahren benutze. Informationen hierzu finden Sie auf meiner Webseite www.kio-food.de.

oder Rapskernöl zum Braten. Ergänzen Sie Ihr Sortiment z. B. mit Hanföl, Leinöl, Kürbiskernöl und Traubenkernöl, um Speisen oder Dressings einen individuellen Geschmack zu verleihen. Damit haben Sie alle Omega-3-, -6- und -9-Fettsäuren, und Sie werden den Unterschied spüren.

Greifen Sie zu Würzmischungen.

Eine reiche Auswahl an guten Biogewürzmischungen macht einfach Spaß und erleichtert es, beim Kochen einfach mal was Neues auszuprobieren. Bunte Dosen voller Basen verleiten dazu, diese auch zu benutzen, und werden Ihre Geschmacksnerven in Staunen versetzen.

Haben Sie all diese Dinge in Ihrer »neuen« Küche platziert, können Sie auch getrost auf allen alten Industriemüll verzichten und ihn dorthin geben, wo er keinen Schaden mehr anrichten kann: in die Mülltonne.

Machen Sie sich's einfach, und es wird einfach.

Schön und gut, alle diese wertvollen Nahrungsmittel zu Hause zu haben. Jetzt wird es Zeit, dass Sie sie auch einsetzen. Doch wie soll man das anstellen, wenn man erst um 18 oder 19 Uhr von der Arbeit nach Hause kommt? Jetzt noch gesund kochen macht auch keinen Spaß mehr. Das halten die meisten nicht lange durch und ist darüber hinaus auch uneffektiv. Wie wäre es, wenn Sie nach Hause kommen und Ihr Essen schon auf Sie wartet – vorbereitet im Kühlschrank?

Alltagslogistik

Legen Sie ein oder zwei Kochtage in der Woche ein, um sich auf die Woche vorzubereiten. Innerhalb von 2–3 Stunden können Sie viele Dinge zubereiten, die aufgrund des höheren pH-Wertes länger haltbar sind. Bei manchen Dingen ist es immer besser, sie frisch zu kochen, z. B. grünes Gemüse oder Salate. Aber gerade Eintöpfe, Suppen und Dressings gewinnen durch die Lagerung eher noch an Geschmack. Auch wenn Sie grünes Gemüse einlegen und mit Ume Su verfeinern, wird es eher noch besser durch die Fermentation.

Wenn Sie auswärts essen, zahlen Sie vorher etwas auf Ihr Basenkonto ein, z. B. mit einer Misosuppe, und vergessen Sie nicht, ein paar Bitterstoffe mitzunehmen, um nach dem Schmaus noch etwas höheres pH beisteuern zu können.

Auch wenn Sie die neuen Sichtweisen interessant und spannend finden und nach der Lektüre dieses Buches vielleicht voll motiviert sind, alles umzusetzen – vergessen Sie nicht, es geht immer noch nur um Essen, und das sollte Spaß machen. Mein

Rat: Gehen Sie spielerisch an die Sache ran, und versuchen Sie nicht, perfekt zu sein. Ein schlechtes Gewissen hat noch niemandem geholfen. Sie werden auf Ihrem Weg in eine neue Esskultur so manches entdecken und begeistert sein, aber auch mal teure Zutaten wegwerfen, weil das Gericht nicht gelungen ist. Sie werden zu herkömmlichen Speisen zurückkehren und eventuell den Unterschied bemerken, um dann wieder neu loszulegen mit den 5 Elementen. All das gehört dazu und wird zu Ihrem ganz persönlichen Weg, Ihrem Do. Ich wünsche Ihnen eine gute Reise!

Im Folgenden finden Sie ein paar Tipps, wie ein 5-Elemente-Alltag aussehen kann.

Morgens

Für viele von uns beginnt der Tag schon mit Stress in Form von Essen: Es gibt Müsli oder Brot mit Marmelade, meistens unterstützt von einem Kaffee. Die Handfesteren bevorzugen Wurst und Käse. Neuerdings gibt's für einige morgens schon einen Smoothie. In anderen Teilen der Welt beginnt der Tag komplett anders und für unsere Vorstellung genauso verrückt wie unser Frühstück für diese Menschen. Nutzen Sie den Morgen, um Ihre innere Feuerstelle anzuheizen und dem Körper Treibstoff zu geben, den er leicht verarbeiten kann. In Asien gibt es beim »Local Breakfast« Suppen, Reis oder Nudeln und etwas Gemüse, und in Europa aß man traditionellerweise gekochten Getreidebrei.

Kaffee ist ein Genussmittel, früher wurde es als Aphrodisiakum betrachtet, und er ist wunderbar, vor allem, wenn man noch einen Kick von seiner Wirkung bekommt. Aber um beim Frühstück Energie zu bekommen, ist er auf Dauer nicht zu empfehlen. Starten Sie Ihren Tag warm und flüssig mit einer Suppe (Holz), oder nehmen Sie etwas Miso in Ihre erste Tasse Kukicha oder grünen Tee. Kukicha-Tee können Sie in einem großen Topf kochen und in Thermoskannen abfüllen. Dann haben Sie für 2 Tage mineralreichen Tee zur Hand. Kochen Sie sich einen Getreidebrei (Metall), gesüßt mit Reissirup oder etwas saisonalem Obst. Oder Sie probieren es gleich mal mit Reis (Metall) und etwas gebratenem Tofu (Wasser/Feuer) zum Frühstück – gewöhnungsbedürftig sicherlich, aber den Energieunterschied werden Sie spüren.

Mittags

Jetzt ist es Zeit, sich etwas Eiweiß zu gönnen. Am besten ist es natürlich, wenn Sie etwas selbst Gekochtes von Ihren Kochtagen mitgenommen haben, z. B. gebratenen Tofu oder Tempeh. In Kombination mit Reis oder Nudeln haben Sie dann schon ein gutes Mittagessen. So, wie es Thermoskannen für heiße Getränke gibt, gibt es auch Aufbewahrungsboxen, in denen Sie Speisen eine ganze Zeit lang warm halten können. Vielleicht gibt es auch einen Herd in Ihrem Pausenraum, auf dem Sie Ihr Essen erwärmen können. Aber benutzen Sie bitte nicht die Mikrowelle dazu. Aufgrund der Reibungshitze, die durch Mikrowellen entsteht, werden die Nahrungsmoleküle deformiert, wodurch neue chemische Verbindungen entstehen, die in der Natur nicht vorkommen. Der Körper kennt diese neuen Moleküle nicht, für ihn ist es tote Nahrung. Schauen Sie ansonsten, ob irgendwo ein leckerer Linsen- oder Bohneneintopf zu bekommen ist. Sollten Sie die Möglichkeit haben, zu Hause zu essen, kombinieren Sie Ihr Mittagsmahl zusätzlich mit ein wenig grünem Gemüse und im Sommer vielleicht mit etwas knackigem Salat.

Abends

Es ist empfehlenswert, am Abend auf allzu schwere Lebensmittel wie Hülsenfrüchte zu verzichten. Eine schmackhafte Gemüsepfanne mit Wurzelgemüsen oder eine kräftige Suppe bieten sich an. Optimal wären 4–5 Stunden Zeit zwischen letzter Mahlzeit und dem Zubettgehen. Je später der Abend, desto mehr sollte das Essen einer Suppe gleichen, um es Ihrem Verdauungssystem nicht zu schwer zu machen. Essen Sie kurz vor dem Schlafen, schicken Sie Ihre Organe in die Nachtschicht, und das merken Sie spätestens am nächsten Morgen.

Produkte

Oft fragen mich Menschen, warum denn so vieles asiatisch sein muss. Es muss gar nichts! Es geht einfach nur um Energie und Pragmatismus. Wenn wir unsere eigene Esskultur verloren haben, bediene ich mich dort, wo ein energetisches Verständnis noch Bestandteil der Kochkunst ist. Das betrifft ganz besonders den Bereich der Fermentationen. Die Japaner und Koreaner sind heutzutage quasi die Weltmeister im Fermentieren, und der Pro-Kopf-Verbrauch von Miso liegt in Japan bei 50 kg im Jahr.

So sehr ich es kritisiere, dass viele unnütze Produkte aus aller Welt herangeholt werden, erlaube ich mir doch den Luxus, ab und zu intelligente Lebensmittel aus Übersee zu kaufen. Aber im Prinzip ist das nicht notwendig, und nach Fukushima ist die Angst vor belasteten Produkten natürlich stark ins Bewusstsein der Menschen gerückt. Es geht in diesem Buch um universelle Prinzipien, die überall ihre Anwendung finden können. Miso und Tofu (ohne Gentechnik) werden schon seit vielen Jahren auch in Deutschland hergestellt. Nur ein kleiner Teil der klassischen japanischen Produkten kommt wirklich noch aus Japan, und zusätzlich haben die vertrauenswürdigen Importeure die Kontrollen auf radioaktive Belastung massiv intensiviert.

Im Folgenden stelle ich Ihnen die wichtigsten Produkte vor.[5]

---

5 Ich beziehe sie über meinen Lieblings-Onlineshop www.5Elemente-Versand.de. Sie finden sie aber auch im gut sortierten Bioladen.

Apfeldicksaft

Um Apfeldicksaft herzustellen, werden die Äpfel zu Saft gepresst und dieser eingedampft. 9 kg Äpfel ergeben 1 kg Apfeldicksaft. Er hat ein typisches, leicht säuerliches Fruchtaroma. Sie können ihn in vielen Desserts verwenden, er rundet ein Porridge ab und kann auch Bestandteil von herzhaften Soßen sein.

Genmai Su

Genmai Su ist ein Filtrat aus essigsauer vergorenem Vollreis und wird in Japan für eines der wichtigsten Würzmittel erachtet. Es wird nicht allein wegen seines Geschmacks geschätzt, sondern auch als Verdauungshilfe, da es die Magensekretion anregt. Genmai Su am Salat erhält diesen frisch, sein Vitamin C bleibt länger wirksam.

Gomasio

Gomasio ist eine Streuwürze, die Ihre Gerichte nicht nur salzt, sondern ihnen auch einen diskreten Sesamgeschmack verleiht. Gomasio schmeckt herrlich in warmen Speisen, Getreidegerichten und Suppen, an rohen Gemüseplatten und Salaten. Der Zweck von Gomasio liegt darin, dem Körper die Aufnahme kleiner Salzmengen zu ermöglichen, ohne übermäßigen Durst zu er-

zeugen. In dieser besonderen Zubereitung sind alle Salzkörnchen von einer dünnen Schicht Öl umhüllt. Deshalb schmeckt Gomasio nicht wirklich salzig.

Kukicha

Das japanische Wort »Kuki« bedeutet Stiel oder Zweig, »Cha« Tee. Kukicha wird aus den Stielen und kleinen Zweigen des Teestrauchs geerntet. Dazu kommen noch Stücke vom Stamm und Blätter, die insgesamt viermal geröstet werden. Kukicha-Tee schmeckt überraschend gut und ist das ideale Alltagsgetränk, denn er hat einen großen Vorteil gegenüber anderen grünen Tees: Er enthält praktisch kein Koffein, regt nicht an und kann ohne Auswirkungen auf den Schlaf noch um Mitternacht getrunken werden. Deshalb ist er auch für Kinder und Babys als Getränk geeignet, am besten mit etwas Apfelsaft oder Reismalzextrakt gesüßt. Von allen japanischen Teesorten enthält Kukicha am meisten Mineralien und hat die Fähigkeit, sowohl Säureüberschüsse als auch zu stark basische Konditionen im Körper zu neutralisieren. Er sollte im Wasser für mindestens 5–10 Minuten leicht kochen, dann kann er durch ein Sieb abgegossen werden. Teemenge und Kochzeit entscheiden, wie kräftig der Tee wird. Ein Tipp: Die Teezweige können zweimal benutzt werden. Kochen Sie sie beim zweiten Aufguss etwas länger, und geben Sie eine kleine Menge frischen Kukicha dazu.

Meeresalgen (Kombu, Hiziki, Nori, Wakame, Arame)

Algen sind ein wertvoller Basenlieferant und enthalten alle Nährstoffe, Vitamine (B 12), Mineralstoffe (Calcium, Magnesium, Natrium, Kalium) Spurenelemente (Jod, Eisen, Zink, Mangan, Kupfer, Selen u.a.), Aminosäuren, Proteine und die mehrfach ungesättigten Fettsäuren, die wir zum Erhalt unserer Gesundheit benötigen. Mit 8–40% liegt der Gehalt an Mineralstoffen und Spurenelementen über dem von Landpflanzen. Kein anderes Naturprodukt ist so reich an wertvollen Inhaltsstoffen.

Mirin

Reisweinwürze ist ein natursüßer Kochwein, ein unentbehrliches, vielseitig verwendbares Würzmittel für alle Zubereitungsarten. In Kombination mit einem anderen Würzstoff, insbesondere Shoyu, kann Mirin den Geschmack verschiedener Gerichte und Suppen erstaunlich verfeinern. Es enthält eine Vielzahl von Aminosäuren und organischen Vitaminen, unterstützt die Verdauung und Verwertung der Nahrung und fördert durch die verschiedenen enthaltenen Enzyme aktiv die Gesundheit.

Miso

Miso ist eine milchsauer vergorene Paste aus Sojabohnen, Salz und einer Getreideart, Weizen oder Gerste. Es wird vor allem als Zutat in Suppen, zusammen mit Gemüse und Meeresfrüchten, verwendet. Misosuppe wärmt den Magen und regt den Appetit an. Die durch den Gärungsprozess freigesetzten Enzyme unterstützen aktiv die Verdauung und regen die Sekretion der Magensäfte an. Miso enthält Bakterien, die der Darmflora guttun und schädliche Bakterienstämme bekämpfen. Miso kann auch bei der Zubereitung von Soßen, Dressings, Aufstrichen, Nudeln und Eintöpfen eingesetzt werden. Achtung: Erst zum Schluss an die Gerichte geben – nicht mitkochen! Zu hohe Hitze zerstört die Inhaltsstoffe.

Reissirup

Der süße Reissirup beschleunigt den Kreislauf, ohne die schädlichen Eigenschaften von Zucker zu besitzen. Speziell für Diabetiker, die sich Insulin spritzen müssen, ist es eines der am besten geeigneten Süßungsmittel, da es den geringsten Insulinbedarf bewirkt. Reissirup wird aus ökologisch angebautem glutenfreiem Reis gewonnen. Bei der Herstellung setzen natürliche Enzyme die Stärke des Korns in überwiegend lang- und mittelkettige Kohlenhydrate um. Diese werden im Gegensatz zu den kurzkettigen Zuckern von anderen Süßungsmitteln wie Honig, Dicksäften etc. vom Körper langsam aufgenommen und verstoffwechselt. So sorgen sie für eine gleichmäßig anhaltende Energieversorgung.

Shoyu

Shoyu, die Sojasoße, ist ein traditionelles japanisches Würzmittel mit jahrhundertealter Geschichte. Seine vielseitige Verwendbarkeit ist in der internationalen Küche seit Langem bekannt. Shoyu wird als Gewürz am Ende des Kochvorgangs zum Gericht gegeben und noch etwas mitköcheln gelassen. Das ist bekömmlicher, als es erst auf dem Tisch zu benutzen, denn Shoyu und Tamari sind in ungekochtem Zustand schwer verdaulich.

Über 99 % des heute in der Welt verkauften Shoyus wird auf industriellem Wege hergestellt, enthält Farb- und Konservierungsstoffe sowie andere Zusätze, die die Produktion beschleunigen. Traditionelles Shoyu wird aus vollwertigen Nahrungsmitteln ohne chemische Zusätze hergestellt. Der Gärungsprozess dauert fast drei Jahre und wird auf natürliche Weise durch Mikroorganismen ausgelöst. Richtiges Shoyu kann auch bei Weizenallergie gefahrlos verwendet werden, da nach 24 und mehr Monaten der Gärung die Stoffe im Weizen, die Allergien hervorrufen, völlig zersetzt sind. Es ist reich an verschiedenen Aminosäuren, die die Verdauung erleichtern.

Sengiri Daikon

»Daikon« ist der japanische Begriff für eine Art weißen Rettich. Ernährungswissenschaftlich ist bekannt, dass Rettich verdauungs-

fördernde Enzyme enthält, die vor allem dem Fettstoffwechsel behilflich sind. Ebenso regt er die Nierentätigkeit an und wirkt stark entwässernd. In getrockneter Form hilft er vor allem, verhärtete Fette, die sich in Organen oder Körpergewebe eingelagert haben, zu lösen. Zusammen mit Kombu (Seetang) gekocht kann so deren Ausscheidung erleichtert werden.

Shiitake

In der modernen westlichen Gesellschaft wird die Kraft der Heilpilze seit einigen Jahren wieder neu entdeckt. Dazu gehört der Shiitake, der wegen seiner wertvollen Inhaltsstoffe in der östlichen Kultur seit Tausenden von Jahren als der König der Vitalpilze gilt. In der traditionellen chinesischen Medizin wird der Shiitake bei mehreren Beschwerden eingesetzt, z.B. bei Erkrankungen der Milz und des Magens, bei Appetit- und Kraftlosigkeit, bei Rachitis und zur Stärkung der Mitte und des Chi. Außerdem verfügt der Pilz über 18 Aminosäuren und hilft unseren Zellen damit bei der Regeneration. Shiitake-Pilze werden auf Eichenstämmen gezüchtet und werden wegen ihres guten Geschmacks in der japanischen Küche als Suppengrundlage und Beilage zu Reis oder Wurzelgemüse geschätzt. Sie gelten auch als hervorragendes Mittel, die Nieren zu stärken.

Tofu

Tofu ist seit Jahrtausenden in Ostasien ein unentbehrliches Grundnahrungsmittel aus Soja-Eiweiß. Ähnlich wie aus Milch Quark gemacht wird, entsteht aus Sojadrink Tofu. Er ist ein leicht verdauliches Eiweiß, das durch einen Gerinnungsprozess von der Flüssigkeit getrennt wird. Er ist reich an Vitaminen (B1, B2, B6), cholesterinfrei, hat wenig Fett und Kohlenhydrate und enthält einen Teil der essenziellen Aminosäuren. Essen Sie Tofu niemals roh. Gebraten in gutem Öl und mariniert mit Shoyu oder Teriyaki-Soße bekommt er einen guten pH-Wert.

Tempeh

Tempeh besteht aus mit Pilzkulturen fermentierten Sojabohnen. Es hat einen angenehm milden, nussigen und pilzartigen Geschmack, der mit praktisch jeder Würzung harmoniert. Seine Textur sorgt für einen festen, aber zarten Biss und nimmt Gewürze gut auf. Üblicherweise wird es in einer kräftigen Soße oder Salzwasser mariniert und in heißem Öl gebacken oder frittiert. Tempeh ist ernährungsphysiologisch sehr wertvoll. Der Pilz schließt die Proteine der Bohne auf und verringert Blähungen verursachende Oligosaccharide. Es enthält viel für die menschliche Ernährung hochwertiges Eiweiß und Ballaststoffe.

Tsampa

Auf über 3500 Metern Höhe, in extremen klimatischen Verhältnissen, ernähren sich die Tibeter von Tsampa, das dank seiner schonenden Verarbeitung und ausgewogenen Zusammensetzung das wichtigste Nahrungsmittel Tibets ist. Es handelt sich dabei um Getreide, z. B. Gerste, das zuerst sorgfältig geröstet und gemahlen wird und anschließend auf unterschiedliche Art mit Milch, Tee oder Joghurt zubereitet werden kann – gesüßt oder gesalzen, fest oder als dünner Brei. Tsampa kann auch gekocht werden wie eine Art Polenta oder Suppe.

Die Zubereitungsdauer ist kurz, weil Tsampa durch die Röstung schon nicht mehr roh ist. Es ist nicht nur in Tibet bekannt, in Ecuador nennt man es Machica, auf den kanarischen Inseln Govio oder Gofio, in Finnland Talkkuna, und auch in Afrika, z. B. in Eritrea, wird es hergestellt. Allerdings ist es in den anderen Regionen, wo es während Jahrhunderten ein Grundnahrungsmittel war, heute beinahe in Vergessenheit geraten und häufig nur noch den älteren Menschen bekannt.

Umeboshi

Die Ume-Frucht (eine Gattung zwischen Aprikose und Pflaume) gilt in Japan und China schon seit Langem als kraftvolles Heil- und Nahrungsmittel mit sehr hohen Anteilen von Mineralien und organischen Milchsäurebakterien. Sie wird mindestens 1 Jahr lang mit Shisoblättern in Salzlake eingelegt. Durch diesen Fermentationsprozess sind Umeboshi besonders bei Magen- und Darmproblemen geeignet. Sie desinfizieren, entgiften und stärken die inneren Organe, wirken blutreinigend und helfen gegen Müdigkeit, Übelkeit und Erbrechen.

Ume-Paste

Umeboshi werden entkernt und zu einer Paste zerdrückt. So sind sie leichter bei der Nahrungszubereitung einsetzbar.

Ume Su

Das Filtrat von mit Shisoblättern in Meersalz eingelegten, sauren Ume-Früchten heißt Ume Su. Es kann wie Essig in Salatdressings verwendet werden.

REZEPTE

aus der 5-Elemente-Küche

JEWEILS FÜR **4 PERSONEN**

Tofu à la Rührei

ZUTATEN

400 g Tofu,
am besten »Indian Curry«

3–4 Zwiebeln

4 EL Rapskernöl

1–2 Frühlingszwiebeln

2–3 EL Gewürze (z. B. Kräuterbuttergewürz oder Oregano, gemahlener Knoblauch und weißer Pfeffer oder italienische Kräuter und Paprikapulver)

einige Cherrytomaten

150 ml Haferdrink Vanille

1 EL Ume-Paste

Apfeldicksaft, Shoyu, Olivenöl

Zwiebeln und Tomaten klein schneiden. Öl in eine Pfanne geben und die Zwiebeln bei mittlerer Hitze darin anschmoren, bis sie glasig sind. Tofu zerdrücken, dazugeben und gut anbraten. Gewürze und Tomaten untermischen, alles mit Haferdrink aufgießen und köcheln lassen, bis das Rührei sämig wird. Frühlingszwiebeln in Scheiben schneiden. Die Hitze reduzieren, Ume-Paste mit etwas Wasser verrühren und hinzufügen. Frühlingszwiebeln untermischen und mit Apfeldicksaft, Shoyu und Olivenöl abschmecken.

Tsampa-Mönchsfrühstück

ZUTATEN

150 g Tsampa

300–450 ml Haferdrink

2 EL Reissirup

Tsampa in den Thermomix geben und mit Haferdrink aufgießen. Reissirup hinzufügen und Thermomix bei 35–50 °C auf niedriger Stufe ca. 2 Min. laufen lassen.

Wenn Sie keinen Thermomix besitzen, können Sie das Gericht auch im Topf bei geringer Hitze unter ständigem Rühren zubereiten.

Variationsmöglichkeiten:

- Tsampa können Sie durch Braunhirse oder Erdmandelflocken ersetzen.
- Haferdrink können Sie durch Dinkeldrink oder Reisdrink ersetzen.
- Statt Dinkelsirup können Sie Reissirup verwenden.
- Ergänzend zum Grundrezept können Sie auch Mandelmus oder ein anderes Nussmus beimischen.
- Probieren Sie auch, Kokosflocken, Fruchtmark, Zimt oder Mohn hinzuzugeben.

Dieses Frühstück ist sehr sättigend und nährend und liefert eine wunderbar ruhige Energie für den ganzen Vormittag.

Buchweizen-Pfannkuchen

ZUTATEN

250 g Buchweizenmehl

125 ml Wasser

125 ml Sojadrink

1 EL Ume-Su

AUSSERDEM:

2 EL Sonnenblumen- oder Maiskeimöl

Aus allen Zutaten einen nicht zu festen Teig rühren. Diesen über Nacht zugedeckt zum Gären stehen lassen und am nächsten Tag mit etwas Öl portionsweise in einer Pfanne ausbacken.

Den Pfannkuchen können Sie süß oder herzhaft genießen. Probieren Sie ihn mit dem süßen Dip von S. 164 oder dem Kräuterquark von S. 150.

Wenn Sie eine kleine Menge des Teigs in ein Glas mit Schraubverschluss abfüllen und sie beim nächsten Mal dem neuen Teig beimischen, ist dieser schneller fertig. Im Kühlschrank können Sie ihn mindestens 1 Woche aufbewahren, weil die Kälte den Gärungsprozess stoppt.

Michas Misosuppe

(für morgens oder zwischendurch)

ZUTATEN

½ EL Miso-Paste

1 Spritzer Sesamöl

1 EL getrocknete Wakame-Algen

Shoyu

10 g frisch geriebener Ingwer

½ TL Kurkuma

1 Prise Pfeffer

DER OPTIMALE START IN DEN TAG!

Statt morgens schon Kaffee zu trinken, probieren Sie es mit Misosuppe. Diese Suppe bringt bioverfügbare Mineralien in Ihren Körper und Ihren »inneren Kochtopf« in Gang.

Miso-Paste in einer halben Tasse kaltem Wasser verrühren. Öl, Wakame-Algen und einen kleinen Schuss Shoyu dazugeben und die Tasse mit heißem Wasser aufgießen.

Die Suppe mit Ingwer, Kurkuma und Pfeffer würzen.

Reisflockenporridge

ZUTATEN

300 g Reisflocken

800 ml Soja- oder Haferdrink

1–2 Äpfel

Obst nach Belieben (z. B. Beeren)

1 EL Zimt

1 Prise Kurkuma

½ TL Kardamom

1 Msp. Vanillepulver

1 Prise Salz

3 EL Reissirup

1 EL Apfeldicksaft

½ Handvoll gehobelte Mandeln

abgeriebene Schale von 1 Zitrone oder Orange

etwas Nussöl (Walnuss-, Haselnuss- oder Mandelöl)

Kerngehäuse von den Äpfeln entfernen und Äpfel in dünne Spalten schneiden. Drink mit Obst, Äpfeln und Gewürzen zum Kochen bringen. Reisflocken einrühren und alles aufkochen lassen, bis es anfängt einzudicken. Dann Reissirup und Apfeldicksaft zugeben. Die Herdplatte ausschalten und Porridge bei geschlossenem Deckel ca. 10 Min. ausquellen lassen.
Mit Mandeln, Zitrusschale und Nussöl garnieren.

Soja-Gulasch

ZUTATEN

250 g Soja-Schnetzel grob

ca. 750 ml Gemüsebrühe

4–5 rote Zwiebeln

2–3 Knoblauchzehen

3 EL Rapskernöl

5–6 EL Sesamöl

2 EL Tomatenmark

Gewürze (z. B. 3–4 EL Grillgewürz oder 1 EL Oregano, 1 EL Knoblauch und ½ EL weißer Pfeffer)

5–6 Wacholderbeeren

2–3 Lorbeerblätter

1 EL Paprikapulver edelsüß

je 1 TL Thymian, gemahlener Kümmel und Majoran

200 g gekochte Kidneybohnen

1 EL Ume-Paste

Ume Su, Mirin, Shoyu, Apfeldicksaft

Soja-Schnetzel 15 Min. in warmer Gemüsebrühe einweichen. Sorgfältig auspressen und Gemüsebrühe beiseitestellen. Rapskernöl in einer Pfanne erhitzen. Zwiebeln in Ringe und Knoblauch klein schneiden und beides in ca. 20 Min. glasig schmoren. Aus der Pfanne nehmen und beiseitestellen. Sesamöl in der Pfanne erhitzen und Soja-Schnetzel darin anbraten, bis sie beidseitig Farbe angenommen haben. Die Hitze reduzieren und Zwiebeln und Knoblauch wieder hinzugeben. Alle Gewürze und Tomatenmark dazugeben, kurz mitrösten und alles mit der Brühe ablöschen. Bohnen dazugeben und Gulasch noch einmal 10 Min. durchziehen lassen. Ume-Paste mit etwas Wasser anrühren und hinzugeben. Alles mit etwas Ume Su, Mirin, Shoyu und Apfeldicksaft abschmecken.

Linsenragout

ZUTATEN

500 g rote Linsen

3 große Zwiebeln

3 große Knoblauchzehen

2–3 EL Rapskernöl

je 2 TL Kreuzkümmel, Ajowan und Curry süß

je 1 TL Koriander, Bockshornkleepulver, Galgant und Kurkuma

½ TL Ingwerpulver

5 g Wakame-Algen

FÜR DIE WÜRZSOSSE:

1 Tasse Olivenöl

5–6 EL Genmai Su

5 EL Mirin

je 1 EL Shiro Miso und Apfeldicksaft

1–2 gehäufte TL Ume-Paste

Pfeffer aus der Mühle

Zwiebeln und Knoblauch fein hacken und in Rapskernöl anschmoren. Alle Gewürze und die Linsen dazugeben und mit 1,3 l Wasser aufgießen. Algen hineingeben, alles einmal aufkochen und 25–30 Min. auf niedriger Stufe köcheln lassen. Wenn die Linsen weich genug sind, etwas abkühlen lassen. Alle Zutaten für die Würzsoße vermischen, mit viel Pfeffer abschmecken und in das Ragout einrühren. Alles ca. 10 Min. ziehen lassen.

Kichererbsencurry

ZUTATEN

600 g gekochte Kichererbsen

3 Zwiebeln

2 Knoblauchzehen

2 grüne Chilischoten

100 g Ingwer

2–3 EL Sesamöl

je 1 EL gemahlener Kreuzkümmel, Garam Masala und Kurkuma

1 TL gemahlener Koriander

300 g gewürfelte Tomaten

1–2 EL Apfeldicksaft

1 Tasse Olivenöl

1 Schuss Shoyu

Zwiebeln und Knoblauch hacken, Chilischoten säubern, Kerne entfernen und fein hacken. Ingwer reiben. Sesamöl in einem Topf erhitzen, alle Gewürze außer Apfeldicksaft, Chili und Ingwer hinzugeben und kurz anrösten. Mit passierten Tomaten aufgießen und Kichererbsen, Apfeldicksaft, Chili und Ingwer zufügen. Alles ca. 10 Min. köcheln lassen. Am Ende Olivenöl dazugeben und mit Shoyu abschmecken.

Krautsalat mit Tofu

ZUTATEN

500 g Weißkohl oder Spitzkohl

2 TL Kümmel

1 großer Schuss Shoyu

Pfeffer aus der Mühle

1 Schuss Apfeldicksaft

50 ml Genmai Su

50 ml Rapskernöl

1 rote Paprika

400 g Tofu,
am besten »süß-sauer«

Kohl in feine Streifen schneiden und mit Kümmel, Shoyu, Pfeffer und Apfeldicksaft würzen. Alles gut vermischen. 100 ml Wasser erwärmen und mit Genmai Su und dem Öl vermischt zum Salat geben. Paprika in Streifen schneiden. Kohl 25 Min. durchziehen lassen, nach 15 Min. Paprika hinzugeben.

Tofu in kleine Stücke schneiden und beidseitig in 2 EL Rapskernöl anbraten. Den gebratenen Tofu über den durchgezogenen Krautsalat streuen und alles servieren.

Dinkeltoast-Tofu-Sandwich

ZUTATEN

4 Scheiben Dinkeltoast

2 Salatblätter

1 Tomate

1 Essiggurke

1 Frühlingszwiebel

400 g Tofu,
am besten »mediterran«

2 EL Sesamöl

FÜR DAS DRESSING:

1 TL Senf

100 ml Soja-Cuisine

1 Schuss Apfeldicksaft

Brotscheiben toasten oder kurz in der Pfanne rösten. Sesamöl in einer Pfanne erhitzen, Tofu in Scheiben schneiden und anbraten. Tomate, Gurke und Frühlingszwiebel in Scheiben schneiden. Alle Zutaten für das Dressing vermischen. Brotscheiben mit dem Dressing bestreichen. Auf 2 Scheiben einige Tomaten- und Gurkenscheiben verteilen, Tofu darauflegen, den Rest Tomate und Gurke sowie Frühlingszwiebeln und Salatblätter darauf verteilen und mit den verbliebenen Brotscheiben bedecken.

Tempeh!

ZUTATEN

200 g Tempeh

8 EL Sonnenblumen- oder Rapskernöl

1 EL Senf

1 große Zwiebel

1 Knoblauchzehe

5–6 Shiitake-Pilze

2–3 Cherrytomaten

1 EL Mirin

1 Spritzer Shoyu

Shiitake-Pilze 20 Min. in Wasser einlegen. Tempeh in dünne Streifen schneiden. 4 EL Öl in einer Pfanne erhitzen und Tempeh hineingeben. Diesen anbraten und immer wieder Öl nachgeben, bis er eine schöne Farbe bekommen hat. Pilze und Tomaten klein schneiden und untermengen. Etwas Wasser und Senf vermischen, dazugeben und alles 1 Min. durchziehen lassen.

Zwiebel und Knoblauch klein schneiden und in einer separaten Pfanne schmoren. Zum Tempeh geben und mit einem Dressing aus Shoyu und Mirin servieren.

Dazu passen schwarze Reisnudeln.

Sie können Tempeh auch dämpfen und mit Ume Su und Gewürzen marinieren. In kleine Stücke geschnitten und angebraten lässt er sich wunderbar als Hackfleischersatz für eine deftige Bolognese verwenden.

Tempeh wurde früher hauptsächlich in Indonesien gegessen, findet aber heute auch immer mehr Einzug in die modernen Alternativküchen. Durch den Fermentationsprozess und den dadurch höheren pH-Wert ist es sozusagen der bessere Tofu. Es braucht bei der Zubereitung allerdings relativ viel Öl.

Rock-a-Wok

ZUTATEN

200 g Seitan

6 EL Sesamöl

1 EL Gewürz (z. B. Wokgewürz oder Koriander, Kardamom, Kreuzkümmel und Paprikapulver)

1 Prise Meersalz

3 rote Zwiebeln

1 Stange Zitronengras

10 g Ingwer

5–6 getrocknete Shiitake-Pilze

3 Karotten

einige Brokkoliröschen

1 Handvoll Bambussprossen

Teriyaki, Reissirup, Ume Su

Dazu passen gekochte Reisnudeln, die Sie mit in den Wok geben, oder Reis.

Shiitake-Pilze 20 Min. in Wasser einweichen. Seitan in Scheiben schneiden. 3 EL Sesamöl im Wok erhitzen und Seitan darin beidseitig anbraten. Wokgewürz und etwas Salz dazugeben und alles durchschwenken. Seitan aus dem Wok nehmen und beiseitestellen. Zwiebeln und Ingwer klein schneiden. Restliches Sesamöl in den Wok geben, Zwiebeln, Zitronengras und Ingwer hineingeben und wenige Minuten schmoren. Pilze und Karotten in feine Streifen schneiden und mit Brokkoli und Bambussprossen hinzugeben. Unter Rühren anbraten. Sobald das Gemüse weich ist, aber noch Biss hat, Seiten wieder hineingeben, Wok vom Herd nehmen und alles mit Teriyaki, einem Klecks Reissirup und Ume Su abschmecken. Das Zitronengras vor dem Servieren entfernen.

Just Tofu aus dem Backofen

ZUTATEN

400 g Tofu »natur«

je 2 EL Rapskernöl und Shoyu

1 EL Reissirup

Paprikapulver edelsüß

Chiliflocken

Tofu mit einem Küchenhandtuch trocken pressen und in ca. 2 x 2 cm große Würfel schneiden. In eine Schüssel geben und mit Rapskernöl, Reissirup, Shoyu, Paprikapulver und Chiliflocken (je nach Geschmack) marinieren. Entweder kurz durchziehen lassen oder für den nächsten Tag in den Kühlschrank stellen. Ofen auf 175 °C vorheizen. Marinierten Tofu auf ein mit Backpapier ausgelegtes Backblech verteilen. Im Ofen 20–30 Min. backen.

Chili non Carne

ZUTATEN

150 g Soja-Schnetzel fein

1 große Gemüsezwiebel

80 ml Olivenöl

1 Knoblauchzehe

150 g Tomaten

500 ml passierte Tomaten

etwas Pfeffer aus der Mühle

1 EL Paprikapulver edelsüß

½ Chilischote oder
1 getrocknete Chilischote oder
1 Msp. Chiligewürz

250 g rote Paprika

250 g gekochte Kidneybohnen

250 g Mais

1 EL Ume-Paste

Apfeldicksaft, Shoyu

Soja-Schnetzel 15 Min. in warmem Wasser oder Brühe einweichen. Anschließend gut ausdrücken. Zwiebel klein hacken und in einem großen Topf in etwas Öl anschwitzen. Restliches Öl dazugeben und Soja-Schnetzel kräftig anbraten. Den Knoblauch fein hacken und hinzugeben. Tomaten grob zerkleinern und Topfinhalt mit Tomaten und passierten Tomaten ablöschen. Mit Pfeffer, Paprikapulver und Chili würzen. Bei kleiner bis mittlerer Hitze 30–40 Min. köcheln lassen. In der Zwischenzeit Paprika putzen und grob würfeln. Kidneybohnen, Mais und Paprika in den Topf geben und alles nochmals ca. 10 Min. köcheln lassen. Ume-Paste mit etwas Wasser verrühren und zugeben. Alles mit Apfeldicksaft und Shoyu abschmecken.

Dazu passt Baguette oder Reis.

Grüne Bohnen in Tahindressing

ZUTATEN

200 g grüne Bohnen

Meersalz

FÜR DAS DRESSING:

50 g Tahin (Sesammus)

2 EL Reissirup

1 EL Mirin

½ EL Shoyu

½ EL geröstetes Sesamöl

Bohnen putzen und in leicht gesalzenem Wasser knapp 8 Min. blanchieren. Sofort abschrecken und abtrocknen. Zwischenzeitlich alle Zutaten für das Dressing gründlich vermengen. Dressing über die Bohnen geben und gut gemischt servieren.

Radieschen-Algen-Salat

ZUTATEN

1 Handvoll Hiziki-Algen (alternativ Arame-, Wakame- oder Nori-Algen in Streifen geschnitten)

1 Bund Radieschen

1 Frühlingszwiebel

15 g Ingwer

FÜR DAS DRESSING:

Saft von ½ Zitrone

1 Schuss Olivenöl

1 Schuss Teriyaki

Probieren Sie das Dressing zusätzlich mit 1 EL hellem Reis-Miso (Shiro Miso).

Die Algen in Wasser knapp 10 Min. bei mittlerer Hitze köcheln lassen, abgießen und abkühlen lassen. (Bei Noristreifen ist das nicht notwendig, und getrocknete Wakame werden nur kurz in wenig Wasser eingeweicht.) Radieschen vom Grün befreien, waschen, putzen und in dünne Scheiben schneiden. Frühlingszwiebel ebenfalls waschen, den Strunk abschneiden und die Frühlingszwiebel in feine Streifen schneiden. Algen, Radieschen und Frühlingszwiebeln in einer Salatschüssel vermengen. Den Ingwer schälen, reiben und unter den Salat heben. Die Dressingzutaten vermischen und mit dem Salat vermengen.

Karotten-Fenchel-Pfanne

ZUTATEN

3–4 große Karotten
1 Fenchelknolle
2 Zwiebeln
1 Knoblauchzehe
400 ml Kokosmilch
1 EL gekörnte Gemüsebrühe
2–3 EL Currypulver
1 EL Gomasio
2 Frühlingszwiebeln
Mirin

Zwiebeln und Knoblauch klein hacken. Kokosmilch mit Gemüsebrühe, Zwiebeln, Knoblauch und Currypulver in einer hohen Pfanne aufkochen und mit Gomasio würzen. 10 Min. köcheln lassen. Karotten waschen, die oberen und unteren Enden abschneiden und Karotten in dünne Scheiben schneiden. Bei Biokarotten können Sie die Schalen mitessen. Fenchel klein schneiden. Frühlingszwiebeln in breite Streifen schneiden. Karotten und Fenchel unter das Curry mischen und 8 Min. köcheln lassen. Anschließend Frühlingszwiebeln dazugeben und nochmals 5–6 Min. köcheln lassen. Mit Mirin und evtl. etwas Apfeldicksaft abschmecken.

Fenchelgemüse

ZUTATEN

2 Fenchelknollen

1–2 EL geröstetes Sesamöl

1–2 kleine Zwiebeln

1 rote Paprika

1 EL Shoyu

1–2 EL Gewürze (z. B. mediterrane Gewürzmischung oder italienische Kräuter)

Zwiebeln klein schneiden. Fenchelknollen klein schneiden und mit Zwiebeln im Sesamöl langsam anbraten. Nach ca. 2 Min. Paprika dazugeben. Mit Shoyu und Gewürzen nach Geschmack würzen.

Artischocke mit Dip

ZUTATEN

1 große Artischocke

Ume Su

Die groben Blätter der Artischocke entfernen. In einem großen Topf Wasser zum Kochen bringen und mit einem Schuss Ume Su salzen. Die Artischocke darin in ca. 20. Min weich kochen.

Probieren Sie dazu das Aioli-Rezept (S. 154) oder eines der anderen Dressings.

Fenchelgemüse

Artischocke mit Dip

Sie können die einzelnen Blätter von außen nach innen abzupfen. Tauchen Sie die fleischige Seite in den Dip, und ziehen Sie das Fleisch mit den Zähnen ab. Sind die Blätter abgezupft, heben Sie das »Heu« ab und genießen das Artischockenherz.

Salat

ZUTATEN

1–2 Radicchios

1–2 Chicorée

2 Avocados

1 Kopfsalat

je 1 Handvoll frischer Löwenzahn und Brennnesseln

1 Handvoll Sprossen nach Wahl (z. B. Alfalfa, Mungbohnen, Radieschen)

Alle Salate, Löwenzahn und Brennnesseln gründlich waschen und in mundgerechte Streifen schneiden. Schalen und Steine der Avocados entfernen und Fleisch in kleine Stücke schneiden. Alles vermischen und ein Salatdressing nach Wahl hinzugeben (Salatdressingrezepte von S. 153 oder S. 154).

Probieren Sie den Salat im Sommer mal zusätzlich mit Würfeln einer frischen Mango. Die Brennnesseln sammeln Sie am besten mit Handschuhen. Überbrausen Sie sie dann mit heißem Wasser, dadurch verlieren sie ihre »brennende« Wirkung.

Brokkoli pur

ZUTATEN

1 Brokkoli

je 1 Schuss Ume Su
und Zitronen-Olivenöl

Die Brokkoliröschen vom Strunk entfernen und zerteilt in einen Dämpfeinsatz oder Dampfgarer geben. Ca. 15 Min. dämpfen oder garen. Der Brokkoli sollte noch etwas Biss haben. Mit einem guten Schuss Ume Su und Zitronen-Olivenöl marinieren.

Blumenkohl in Dinkelsahnesoße

ZUTATEN

1 Blumenkohl

1 EL Ume Su

2 Frühlingszwiebeln

200 ml Dinkel-Cuisine

50 g Soja-Margarine

1 EL Sesam

1 Msp. Muskat

Petersilie

Kresse

Pfeffer

In einem Topf 100 ml Wasser und Ume Su erhitzen. Blumenkohl waschen, in kleine Röschen zerteilen und in den Topf geben. Ca. 10 Min. bei mittlerer Hitze dünsten. Frühlingszwiebeln in Streifen schneiden. Dinkel-Cuisine und Margarine hinzugeben und alles mit Muskat und Frühlingszwiebeln noch einmal 5 Min. durchziehen lassen. Petersilie grob hacken. Sesam dazugeben und Gemüse mit Petersilie, Kresse und Pfeffer abschmecken.

Brokkoli pur

Da Ume Su eine konservierende Wirkung hat, können Sie den Brokkoli in diesem Zustand auch für einige Tage im Kühlschrank aufbewahren.

Blumenkohl in Dinkelsahnesoße

Servieren Sie dieses Gericht mit einem Buchweizen-Pfannkuchen (S. 96).

Basenpowerbrühe für jeden Tag

ZUTATEN

6–7 getrocknete Shiitake-Pilze

6 Stangen Kombu-Alge

½ Tüte Sengiri
(getrockneter Rettich)

1 Sellerie, 3–4 Karotten,
3 Zwiebeln, 1 Brokkoli,
1 Kohlrabi, ½ Kohl

je 1 EL Kurkuma und
Koriandersamen

7–9 Nelken

7–8 Lorbeerblätter

½ Handvoll Wacholderbeeren

½ EL Zimt

150 ml Shoyu

70 ml Olivenöl

100–150 g Ingwer

frische Kräuter je nach Jahreszeit
(z. B. Petersilie, Schnittlauch,
Kerbel)

Shiitake-Pilze, Algen und Rettich mehrere Stunden in 8 l Wasser einweichen. Gemüse putzen, klein schneiden und zusammen mit den Gewürzen dazugeben. Alles kurz aufkochen, die Kräuter hacken und beimengen und die Suppe 3–5 Stunden köcheln lassen. Vom Herd nehmen und über Nacht ziehen lassen. Das Gemüse entnehmen und entsorgen (die Shiitake-Pilze können noch weiterverwendet werden). Ingwer reiben. Brühe mit 2 l Wasser auffüllen und mit Shoyu, Öl und Ingwer würzen. In Glasflaschen abfüllen und im Kühlschrank aufbewahren. Jeden Morgen die gewünschte Menge vorsichtig erwärmen. Nicht kochen! Im Sommer kann die Brühe auch problemlos kalt getrunken werden.

Tagesmenge: 500–700 ml
Kochzeit: 3–5 Stunden
Menge: für eine Woche

Diese Suppe lädt jeden Morgen Ihre Batterie neu auf und versorgt Sie mit den notwendigen Basen, um den Tag energetisch zu meistern.

Kürbis-Ingwer-Suppe

ZUTATEN

600 g Hokkaido-Kürbis
80 g Ingwer
1 EL Shiro Miso
3 EL Mirin
2 EL Galgant
1 EL Ume-Paste
Pfeffer aus der Mühle
4 EL Soja-Joghurt
frische Kräuter (nach Geschmack)
1 Schuss Kürbiskernöl

In einem Topf ca. 400 ml Wasser erhitzen. Kürbis waschen, entkernen und in Stücke schneiden. Ingwer schälen und reiben. Wenn das Wasser kocht, Kürbis in den Topf geben und auf mittlerer Hitze weiterkochen. Sobald die Stücke weich genug sind, Hitze reduzieren und Ingwer zugeben. Mit Shiro Miso, Mirin, Galgant und Ume-Paste würzen und mit Pfeffer abschmecken. In tiefe Teller füllen und mit frischen Kräutern, einem Klecks Soja-Joghurt und Öl garnieren.

Süßkartoffelsuppe mit Sesam und Ingwer

ZUTATEN

1,5 kg Süßkartoffeln

3 rote Zwiebeln

4 Knoblauchzehen

2–3 EL Kokosöl

2 EL Sesam

1 EL Tomatenmark

1 EL Galgant

je ½ EL Thymian und Kerbel

Pfeffer aus der Mühle

15 g Ingwer

200 ml Hafer-Cuisine

2–3 gehäufte EL helles Reis-Miso

je 1 Schuss Genmai Su, Ume Su und Mirin

etwas Zitronensaft

Chiliöl

2 Frühlingszwiebeln

Zwiebeln und Knoblauch hacken. Süßkartoffeln schälen und klein würfeln. In einem schweren Topf Kokosöl erhitzen und Zwiebeln und Knoblauch darin bei mittlerer Hitze anschmoren. Sesam und Tomatenmark dazugeben und kurz mitrösten. Süßkartoffeln hineingeben und alles mit 1,5 l Wasser auffüllen. Galgant, Thymian, Kerbel und Pfeffer hinzugeben und Suppe ca. 15 Min. köcheln lassen, bis die Süßkartoffeln weich sind. Ingwer klein schneiden. Den Topf vom Herd nehmen und Ingwer, Hafer-Cuisine, Miso, Ume Su, Mirin, Zitronensaft und Genmai Su untermischen. Alles pürieren. Mit Chiliöl abschmecken.

Frühlingszwiebeln in Scheiben schneiden und Suppe damit vor dem Servieren bestreuen.

Petersilien-wurzelsuppe

ZUTATEN

400 g Petersilienwurzeln

1 EL Rapskernöl

2–3 Zwiebeln

15 g Ingwer

500 ml Gemüsebrühe

2 EL Dinkelmehl

je 1 EL Ume-Paste und Senf

je ½ TL Muskat und Pfeffer

1 Schuss Shoyu

1 Msp. Kurkuma

Olivenöl

einige Kräuter (z.B. Petersilie oder Basilikum)

Rapskernöl in einem Topf erhitzen. Zwiebeln hacken und darin andünsten. Petersilienwurzeln in Würfel und Ingwer klein schneiden, beides mit in den Topf geben und kurz mitdünsten. Gemüsebrühe aufgießen und alles kurz aufkochen lassen. Mit Deckel ca. 15 Min. auf mittlerer Hitze köcheln lassen. Dinkelmehl unterrühren und Suppe mit Ume-Paste, Senf, Muskat, Pfeffer, etwas Shoyu und Kurkuma würzen. Alles pürieren, mit Olivenöl abschmecken und mit Kräutern bestreut servieren.

Linsensuppe

ZUTATEN

200 g getrocknete braune Linsen
2 Zwiebeln
1 Stange Lauch
2 Karotten
3 EL Sonnenblumenöl
2 l Gemüsebrühe
2 EL Tomatenmark
3 EL Dinkelmehl
4 Tofuwürstchen nach Geschmack
50 ml Olivenöl
Shoyu
etwas Genmai Su
Pfeffer
etwas Petersilie

Linsen in einen Kochtopf geben und mit etwa 500 ml kaltem Wasser auffüllen. Über Nacht oder mindestens für 2 Stunden zum Quellen stehen lassen. Zwiebeln in kleine Würfel schneiden. Lauch in Ringe, die geputzten Karotten in sehr kleine Würfel schneiden. Sonnenblumenöl in einem großen Topf erhitzen und Zwiebelwürfel darin hell anrösten. Das klein geschnittene Gemüse mit in den Topf geben und gut unterrühren. Mit Brühe und vorgequollenen Linsen samt Einweichwasser ablöschen. Tomatenmark einrühren. Die Linsensuppe einmal aufkochen lassen und 45–50 Min. weiter köcheln lassen. Dinkelmehl mit etwas kaltem Wasser verrühren. Die Linsensuppe damit abbinden und nochmals einige Minuten köcheln lassen. Tofuwürstchen in dünne Scheiben schneiden, in die Suppe geben und noch 10 Min. darin ziehen lassen. Olivenöl unterrühren. Kurz vor dem Servieren mit Shoyu, etwas Genmai Su und Pfeffer abschmecken. Mit Petersilie garnieren.

Die gute alte Linsensuppe – so einfach und doch so wirksam. Sie gibt Supereiweiß für lange Energie.

Reiskugeln mit schwarzem Sesam an Tahindressing

ZUTATEN

250g Naturreis

1 Schuss Ume Su

2–3 EL schwarzer Sesam

2 EL Gomasio

je 4 EL Tahin (Sesammus) und Shiro Miso

Reis mit 500 ml Wasser und Ume Su kochen. Abkühlen lassen und mit Sesam und Gomasio vermengen. Aus der abgekühlten Mischung mit feuchten Händen Kugeln formen. Für das Dressing Tahin und Shiro Miso vermischen und mit etwas Wasser zu einer Creme schlagen.

Reis Arabian Style

ZUTATEN

350 g Langkornreis

je 100 g Mandelblättchen und Rosinen

½ TL Zimt

1 EL Ume Su

3 EL Rapskernöl mit Buttergeschmack

etwas Oliven- oder Kräuteröl

Rapskernöl in einem Topf erhitzen. Darin Mandeln, Reis und Zimt anbraten, bis der Reis glasig wird. Mit 750 ml Wasser ablöschen und alles mit Ume Su aufkochen lassen. Rosinen hinzufügen und den Reis bei geringer Hitze ausquellen lassen. Mit Oliven- oder Kräuteröl verfeinern.

Reiskugeln mit schwarzem Sesam an Tahindressing

Reis Arabian Style

Rote-Bete-Salat

ZUTATEN

500 g Rote Bete

1–2 Knoblauchzehen

je 1 Schuss Shoyu und Mirin

je 1 TL getrockneter Oregano und Thymian

frische Kräuter (z. B. je ½ Bund Basilikum, Petersilie und Schnittlauch)

je 1 Schuss Genmai Su und Lein- oder Kürbiskernöl

etwas Zitronensaft

Rote Bete schälen, halbieren und in ca. 3 mm dicke Scheiben schneiden. Knoblauch fein hacken und mit Roter Bete in einen heißen Kochtopf geben. Mit Shoyu und Mirin ablöschen und mit 50 ml Wasser auffüllen. Oregano und Thymian dazugeben und alles bei geschlossenem Deckel gar kochen. Frische Kräuter grob hacken. Den Salat in eine große Servierschüssel geben, Genmai Su, Lein- oder Kürbiskernöl, Zitronensaft und frische Kräuter zugeben und alles gut vermischen. Noch warm oder kalt servieren.

Hirse-Blumenkohl-Brei

ZUTATEN

½ Blumenkohl

2 Tassen Hirse

1 Spritzer Ume Su

3–4 Zwiebeln

2 EL Sesamöl

Muskatnuss

Shoyu

Blumenkohl in kleine Röschen zerteilen. Hirse waschen und mit 6–8 Tassen Wasser, Blumenkohl und Ume Su zum Kochen bringen. Hitze reduzieren und alles 25 Min. köcheln lassen. Zwiebeln klein schneiden und in einer Pfanne mit Sesamöl glasig schmoren. Wenn die Hirse gar ist, die gerösteten Zwiebeln unterheben und mit Muskatnuss und Shoyu abschmecken.

Süßkartoffel-frikadellen

ZUTATEN

500 g Süßkartoffeln

2–3 Zwiebeln

2 Knoblauchzehen

veganer Eiersatz entsprechend 2–3 Eiern

Pfeffer

150 g Dinkel- oder Kamutvollkornmehl

1 Schuss Ume Su

3 EL Rapskernöl

Zwiebeln und Knoblauch klein schneiden und in einer Pfanne in 1 EL Öl ca. 10 Min. anbraten. Süßkartoffeln schälen und klein würfeln. In die Pfanne geben und weitere 10 Min. schmoren, bis sie weich sind. In einen Topf umfüllen. Die Masse mit Eiersatz, Pfeffer, Mirin, Mehl und Ume Su vermengen und stampfen oder pürieren. Anschließend daraus kleine Frikadellen formen und diese im restlichen Öl von beiden Seiten anbraten.

Süßkartoffelchips

ZUTATEN

500 g Süßkartoffeln

Sonnenblumenöl

Meersalz

Pfeffer aus der Mühle

Den Backofen auf 160 °C vorheizen. Süßkartoffeln schälen, in dünne Scheiben schneiden, auf ein Backblech legen und mit Öl beträufeln und mit Salz bestreuen. Süßkartoffeln 20–25 Min. im Ofen backen. Mit etwas Salz und Pfeffer würzen und auskühlen lassen.

Süßkartoffelfrikadellen

Süßkartoffelchips

Genießen Sie die Chips pur oder mit dem Aioli (S. 154) oder der Wasabi-Mayonnaise (S. 156).
Wenn Sie es etwas krosser mögen, verlängern Sie die Backzeit.

Yuca-Bratkartoffeln

ZUTATEN

500 g Yuca

Rapskernöl

100 g Ingwer

2–3 Zwiebeln

3 Zweige Rosmarin

je 1 Schuss Ume Su und Shoyu

frische Kräuter (z. B. Schnittlauch, Bohnenkraut, Oregano)

Ingwer fein würfeln. Yuca sehr sorgfältig schälen und dunkle Stellen herausschneiden. Anschließend in dünne Scheiben schneiden und in einer gusseisernen Pfanne mit Rosmarin und Ingwer in Rapskernöl langsam anbraten. Zwiebeln in Ringe schneiden und dazugeben. Wenn die Yuca eine schöne Farbe angenommen hat, mit Ume Su und Shoyu ablöschen. Nach Lust mit frischen Kräutern servieren.

Tofukräuterquark

ZUTATEN

400 g Tofu natur

130 g veganes Pesto

1 Schuss Shoyu

1 EL Ume-Paste

50 ml Olivenöl

20 g getrocknete Gartenkräuter oder Quarkgewürz

1 Bund frische Kräuter (z. B. Petersilie, Dill und Schnittlauch)

Tofu zerbröseln und ca. 10 Min. dämpfen. Abkühlen lassen und in eine Schüssel geben. Mit Pesto, Öl, Shoyu und Ume-Paste verrühren.
Frische Kräuter hacken, mit den trockenen Kräutern zum Quark geben und alles fein pürieren.

Yuca-Bratkartoffeln

Tofukräuterquark

Hält sich mindestens 1 Woche im Kühlschrank.

Eingelegter Rettich

ZUTATEN

2–3 Rettiche

Ume Su

Rettiche in sehr feine Scheiben schneiden und in ein verschließbares Glasgefäß, z.B. ein Einmachglas, geben. Rettich komplett mit Ume Su bedecken und alles 2–3 Tage durchziehen lassen.

Ergänzen Sie Ihre Mahlzeiten ab und zu mit etwas eingelegtem Rettich.

Je länger Sie den Rettich im Glas lassen, desto besser wird er. Durch das Ume Su starten Sie einen Fermentationsprozess, und der Rettich gewinnt neben seiner verdauungsfördernden Eigenschaft noch an pH-Wert.

Salatdressing de luxe

Alle Zutaten in einen Becher geben und pürieren.

ZUTATEN

300 ml Wasser

250 g Soja-Joghurt

1 Bund Basilikum

200 ml fruchtiges Olivenöl

je 100 ml Mirin, Genmai Su, Kürbiskernöl und Traubenkernöl

50 ml Apfeldicksaft

3 EL Shiro Miso

je 1 EL Reissirup und Nori-Algen-Flocken

je 1 TL mittelscharfer Senf und Curcuma

1 Schuss Teriyaki

Chiliflocken nach Geschmack

ZUTATEN

½ Tasse Soja-Cuisine

¼ Tasse Olivenöl

Saft von ½ Zitrone

2 TL Senf

1 EL Ume Su

je 1 Spritzer Genmai Su und Apfeldicksaft

1 kleiner Schuss Shoyu

Salatdressing basic

Alle Zutaten zusammengeben und kräftig mixen.

ZUTATEN

200 ml Soja-Cuisine

3–4 Knoblauchzehen

3 EL Ume Su

40–50 ml Olivenöl

1 EL Ume-Paste

1 TL Senf

1 kleiner Schuss Apfeldicksaft

1 Spritzer Zitronensaft

1 Prise Pfeffer

Aioli

Knoblauch klein schneiden. Über Nacht oder mindestens einige Stunden in Ume Su einlegen. Alle Zutaten mit dem Pürierstab zu einer Creme verarbeiten.

Salatdressing basic

Aioli

Avocado-Dip

ZUTATEN

4 reife Avocados

75 ml Olivenöl

1 Bund Basilikum

1 Knoblauchzehe

3 EL Mirin

Saft und abgeriebene Schale von 1 Zitrone

je 1 EL Ume-Paste und Shiro Miso

1 kleiner Schuss Apfeldicksaft

Pfeffer aus der Mühle

Knoblauch grob hacken. Avocados schälen und Stein entfernen. Blätter vom Basilikum abzupfen und mit allen restlichen Zutaten in einen Becher geben. Kräftig mit Pfeffer würzen und alles mit dem Pürierstab zu einer Creme verarbeiten.

Wasabi-Mayo

ZUTATEN

1 Tasse Soja-Cuisine

je ½ Tasse Hanföl, Olivenöl, Senf, Ume-Paste, Mirin und Apfeldicksaft

1 EL weißes Mandelmus

1 Schuss Genmai Su

1 Prise Wasabi

Alle Zutaten in einen Behälter geben und kräftig mit dem Stabmixer vermischen.

Wenn Sie es nicht so scharf mögen, können Sie den Wasabi natürlich auch weglassen.

Ein erfrischender Dip für heiße Tage, mit Dinkelbaguette gegessen ein Genuss.

Avocado-Dip

Wasabi-Mayo

Im Kühlschrank aufbewahrt hält sich dieser leckere Dip 1 Woche.

Kokoskugeln

ZUTATEN

250 g Buchweizenmehl

100 g Kokosmehl

50 g Vollrohrzucker

50 ml Kokosöl

30 ml Leinöl

3 EL Ahornsirup

3–4 gehäufte EL Haselnussmus

Sojadrink Vanille

1 Prise Salz

AUSSERDEM:

100 ml Reissirup

100 g Kokosraspel

Alle Zutaten gut vermischen. Nach und nach nur so viel Sojadrink zugeben, bis ein formbarer Teig entsteht. Kugeln formen. Reissirup leicht erwärmen, bis er relativ flüssig wird. Das Konfekt nun erst im Reissirup, dann in einer Schale mit Kokosraspeln rollen, bis eine dichte Schicht an den Bällchen klebt.

Coffeebrownies

ZUTATEN

100 g gemahlene Haselnüsse
200 g dunkle Kuvertüre
125 g Soja-Margarine
3 EL Gourmetkaffee Instant
150 g Tsampa
250 g Reissirup
1 Prise Salz
½ TL gemahlener Kardamom
¼ TL gemahlener Zimt
1 ½ TL Backpulver
3 EL Maiskeimöl

Haselnüsse in einer Pfanne unter Rühren leicht rösten. 100 g Kuvertüre raspeln oder hacken. Margarine in einem Topf schmelzen und Kuvertüre einrühren, bis diese ganz geschmolzen ist. Dann Kaffee einrühren und alles abkühlen lassen. Tsampa, Reissirup, Salz, Nüsse, Gewürze und Backpulver in eine Schüssel geben und vermengen. Das Öl in die Schokobutter einrühren und die Mehlmischung unterheben. Eine eckige Auflaufform (ca. 20 x 30 cm) oder ein tiefes Backblech mit Backpapier auslegen und den Teig darauf verstreichen. Im auf 180 °C vorgeheizten Backofen auf der mittleren Schiene ca. 35 Min. backen. Vollständig auskühlen lassen und in 5 x 5 cm große Stücke schneiden. Die übrige Kuvertüre schmelzen und die Stücke damit glasieren.

Pannacotta

ZUTATEN

500 ml Mandel-Cuisine
6 g Agar-Agar
100 ml Reissirup
150 g Vollrohrzucker
1 TL gemahlene Bourbonvanille
1 Msp. Kurkuma
1 Prise Steinsalz
100 g Himbeeren
etwas Apfeldicksaft

Mandel-Cuisine mit Agar-Agar, Reissirup, Zucker, Vanille, Kurkuma und Steinsalz in einem Topf verrühren und einmal kurz aufkochen lassen. In Förmchen füllen und 1–2 Stunden im Kühlschrank auskühlen lassen. Die Förmchen kurz in heißes Wasser tauchen und auf einzelne Tellerchen stürzen. Mit Himbeeren und einem Spritzer Apfeldicksaft dekoriert servieren.

Yogis Milchreis

ZUTATEN

150 g Rundkornreis

400 ml Mandeldrink

150 g Reissirup

1 Prise Salz

1 TL Zimt

3–4 Feigen

½ Tonkabohne oder
1 Prise Vanille

1 Granatapfel

1 Handvoll Pistazien

Mandeldrink mit 200 ml Wasser zum Kochen bringen. Reis, Reissirup, Salz und Zimt in den Topf geben und auf kleiner Hitze unter beständigem Rühren köcheln. Feigen klein würfeln und Tonkabohne reiben, beides dem Reis hinzufügen. Ca. 15 Min. weiter köcheln lassen, bis der Reis weich ist. Granatapfelkerne auslösen und Pistazien hacken. Reis damit garnieren.

Etwas Süßes zum Schluss

ZUTATEN

7 EL Reissirup

1 EL Mandelmus (oder Haselnuss-, Cashewmus oder Tahin)

Mus und Reissirup vermischen und als süßen Dip z.B. zu Pfannkuchen (S. 96) oder Reiswaffeln verwenden oder einfach pur genießen.

Falls das kleine Nachmittagstief auftaucht, gibt es hier einen kleinen Stimmungsaufheller, der schnell und einfach zubereitet ist.

Wer es noch etwas süßer mag, kann den Reis noch mit einem kleinen Schuss Apfeldicksaft nachsüßen.

Danksagung

Mein Dank und Grüße gehen an folgende Personen und Institutionen:

Heidi und Markus Schirner; Simone und Bastian vom Schirner Verlag; Seminarhaus Sampurna in Schlangenbad (www.sampurna.de), unsere Fotolocation; Jürgen Seiwert (www.5Elemente-Versand.de); Kerstin Fahrig (www.svadesha.de), Svadesha Tofu; Michel Schmidt (www.feinesache.com), Grafikbüro; Sushi (www.goldstueck-gestaltung.de); Jörg Krebber (www.nahrungistmedizin.de), Darmreinigungen; SV Darmstadt 98 – Allez les Bleus!

Bildnachweis

Bilder von der Bilddatenbank www.shutterstock.com: S. 7 #121990036 © Minerva Studio, S. 20 #34585096 © elwynn, S. 26 #150586187 © Talashow, S. 37 #134384342 © Lukas Gojda, S. 41 #92313751 © joannawnuk, S. 42 #175319606 © Elena Elisseeva, S. 51 #161756207 © AnjelikaGr, S. 51 #139765531 © Sunny Forest, S. 53 #169957352 © Dutourdumonde Photography, S. 53 #153366335 ©Sunny Forest, S. 56 #263516732 © nanD_Phanuwat, S. 56 #273179414 © Yulia von Eisenstein, S. 59 #113017732 © Sea Wave, S. 59 #249008650 © Bon Appetit, S. 61 #284587598 © Arif Relano Oba, S. 61 #196969751 ©Top Photo Corporation, S. 66 #166551863 © symbiot, S. 69 #59131282 © Lilyana Vynogradova, S. 71 #284312969 © MR. INTERIOR, S. 82 # 137862539 © Post424, S. 84 # 256570432 © yasuhiro amano, s. 87 # 235441738 © jreika S. 91 #123351418 © Piotr Krzeslak, S. 91 #133556990 © Efired, S. 100 #194255855 © Swapan Photography, S. 106 #84893872 © Svetlana Foote, S. 106 #141339115 © Zerbor, S. 108 #141535390 © Sea Wave, S. 108 #130531523 © Chamille White, S. 110 #141538231 © Sea Wave, S. 110 #250386436 © Syda Productions, S. 116 #85368853 © Ildi Papp, S. 116 #59530867 © Joshua Resnick, S. 120 #255598918 © Catarina Belova, S. 128 #159138536 © Dream79, S. 128 #253536238 © its_al_dente, S. 134 #160304153 © mama_mia, S. 134 #210846814 © Bildagentur Zoonar GmbH, S. 144 #241855408 © HandmadePictures, S. 146 #227987356 © Tim UR, S. 146 #201274076 © HandmadePictures, S. 153 #76773481 © Heike Rau, S. 157 #207919474 © HandmadePictures, S. 158 #258837593 © Sea Wave, S. 158 #149059487 © mama_mia, S. 162 #210830446 © anquiam, S. 162 #254253385 © And-One

Über den Autor

Michael Dietz ist Koch und erfahrener Food-Coach. Er gibt europaweit Ernährungsseminare, bei denen er die Chi-Küche Interessierten nahebringt. Sein Wissen erwarb er von verschiedenen Lehrern der TCM und ganzheitlicher Heilmethoden. Er ist Schüler des international anerkannten Gesundheitsreferenten und Lehrers der 5-Elemente-Küche Jörg Krebber.

Weitere Informationen auf: **www.kio-food.de**

Schmuckelemente von der Bilddatenbank www.shutterstock.com:
Infozettel: # 112889395 © Picsfive, Infozeichen: # 234224113 © Alexandr III
Yin Yang: 103154027 © Aleks Melnik
Buttons: Element Feuer # 209454070 © Seamartini Graphics, Element Wasser # 84758806 © icons-pro, Element Erde # 189753401 © Volonoff, Element Metall # 157781228 © iconizer, Element Holz # 149066183 © Alex III, Frühstück # 206620039 © Pensiri, Eiweiß # 203387914 © Marnikus, Chlorophyll 265126550 © Rimma Rii, Basics # 120401410 © VoodooDot, Dips # 150086933 © Christine Krahl, Desserts # 62135707 © liskus, Suppen-Samadhi # 120401410 © VoodooDot

Fotos von Simone Fleck, Schirner Verlag: S. 72, 79, 83, 89, 92, 93, 95, 96, 97, 99, 101, 102, 103, 104, 105, 107, 109, 111, 112, 113, 115, 117, 118, 119, 121, 123, 125, 127, 129, 131, 133, 135, 137, 139, 141, 143, 144, 147, 149, 151, 152, 155, 157, 159, 161, 163, 165
Fotos von Arne Gutowski, Schirner Verlag: S. 82, 85, 86, 87, 88, 90
Fotos von Antje Bomsdorf: S. 145, 149